Torri Gwallt yn Igam Ogam

Anwen a Jano Hughes

Golygydd:
Rhian Jones

Jano ac Anwen

Syniad Da

Y bobl, y busnes – a byw breuddwyd

TORRI GWALLT YN IGAM OGAM

Argraffiad cyntaf: 2013

ⓗ Rhian Jones/Gwasg Carreg Gwalch

Rhif rhyngwladol: 978-1-84527-298-2

Mae'r cyhoeddwr yn cydnabod cefnogaeth ariannol
Cyngor Llyfrau Cymru

Cynllun clawr: Sion Ilar

Cyhoeddwyd gan Wasg Carreg Gwalch,
12 Iard yr Orsaf, Llanrwst, Conwy, LL26 0EH.
Ffôn: 01492 642031 Ffacs: 01492 641502
e-bost: llyfrau@carreg-gwalch.com
lle ar y we: www.carreg-gwalch.com

Cyflwynedig
i'n gwŷr a'n teuluoedd,
Dewi, Megan a Gwen;
Huw, Tomos, Cai a Guto

Diolch:
i Rhian am roi'r hanes ar bapur;
i'n staff am eu hymroddiad a'u gwaith caled
dros y blynyddoedd;
i'n holl gwsmeriaid am eu ffyddlondeb

Igam Ogam (ar y chwith) ar Stryd Fawr Cricieth

Anwen a Jano tu ôl i'r bwrdd lliwio

Gair i gyflwyno

I'r rhai sydd ddim yn gyfarwydd â Stryd Fawr, Cricieth, mae busnes prysur iawn yn swatio rhwng Siop Ffrwythau D.J. a'r deli Siop Newydd. O'r tu allan, mae'n ddigon tebyg i bob siop arall o gwmpas – dwy ffenest lydan o boptu drws gwydrog ac arwydd gogleisiol uwch ei ben: Igam Ogam. Go brin fod enw o'r fath yn peri i rywun feddwl mai trin gwallt sy'n digwydd yma, ond dyna'n union gewch chi wrth gamu dros y rhiniog! Peidiwch â gadael i'r enw eich camarwain – o na, dyma fusnes llewyrchus iawn sy'n eiddo i ddwy Gymraes gyfeillgar a bywiog – Anwen Jones a Jano Hughes.

Pan agorwch y drws, cewch eich denu i eistedd ar un o ddwy soffa ledr ddu o dan bob ffenestr. Mae dewis da o gylchgronau o fewn eich cyrraedd i chi gael pori drwy luniau o'r steiliau gwallt diweddaraf neu ddarllen hynt a helynt ryw selebs tragwyddol! Caiff eich ffroenau eu goglais gan aroglau persawrus y deunyddiau trin gwallt ac rydach chi'n gwybod y byddwch yn gadael y lle'n teimlo fel dynes, neu ambell ddyn 'newydd' a defnyddio'r hen ystrydeb ac wedi ymlacio'n braf! Mae'r lle'n chwaethus a chyfforddus a'r staff yn brysur wrth eu gwaith. Os holwch y cwsmeriaid pam eu bod yn hoffi ymweld ag Igam Ogam cewch atebion fel, 'Dw i'n cael fy mhlesio bob tro,' 'Dw i'n cael gwerth fy mhres,' 'Dw i'n gallu ymlacio'n braf yma,' a sylwadau cadarnhaol cyffelyb. O oes, mae yma ddigon o siarad a chwerthin a chyfle i roi'r byd yn ei le hefo paned yn eich llaw a chael sgwrs hefo hwn a llall!

Mae Igam Ogam yn bodoli bellach ers tair mlynedd ar ddeg ac wedi hen sefydlu ei le ymhlith busnesau Llŷn ac Eifionydd. Treuliodd Anwen a Jano sawl blwyddyn yn cael eu hyfforddi a gweithio i eraill cyn penderfynu eu bod yn barod i sefydlu busnes llewyrchus eu hunain. Nid menter

Jano ac Anwen tu ôl i'r dderbynfa ble byddant yn derbyn a chroesawu eu cwsmeriaid

Mari Gwilym ac Ann yn cael eu pampro – a chael jôc neu ddwy gan Mari!

hawdd oedd hynny a hwythau'n famau ifanc, ond mae'u brwdfrydedd heintus a'r ysfa i lwyddo wedi talu ar ei ganfed iddynt. I'r rhai sydd ddim eto â'u enw yn y llyfr apwyntiadau, beth sy'n eich rhwystro?

Rhian Jones
Ionawr 2013

Jano'n canolbwyntio ar steilio'r gwallt

Pam ffysian hefo'r gwallt deudwch?

Yn ôl y gwybodusion, mae gan bob ohonom hyd at gan mil blewyn o wallt ar ein pennau ar anterth ein prifiant! Mae'r amrywiaeth yn ddi-ben-draw o ddu, golau, gwinau, brith, tew, tenau, sych, seimllyd, syth, cyrliog, tonnog, tew heb sôn am rai dynion sydd wedi colli bob blewyn ac yn hollol foel erbyn cyrraedd ryw gyfnod!

Priodolir rhyw rinweddau arbennig i wallt – gall fod yn nodwedd o harddwch, rhywioldeb, cryfder, i nodi ond ychydig. Honnir mai yn ei wallt hir yr oedd cryfder Samson yn y Beibl ac aeth Delila ati ar fyrder i brofi hyn ac eillio'r cydynnau gan adael ei gŵr yn llipryn gwantan! Roedd y gwallt yn destun cywyddau i gywyddwyr Cymru'r Oesoedd Canol megis Dafydd Nanmor a ganodd i 'Wallt Llio':

Llio eurwallt lliw arian,
Llewychu mae fel lluwch mân.

Canodd yr arch-garwr ei hun, Dafydd ap Gwilym, yn ei gywydd 'I wahodd Dyddgu':

Balch y dwg, ferch ddiwg fain,
Banadl ysgub, bun dlosgain,
Yn grwn walc, yn goron wiw
Wyldlos, blethedig oldliw.'

Yn bendant, nid peth diweddar o gwbl ydi ymwneud â'r gwallt. Darganfuwyd sawl crib o asgwrn a ddefnyddiai'r Hen Geltiaid yn eu gwalltiau. Eillio eu gwalltiau yn agos i'r croen y byddai gwŷr a gwragedd bonheddig yr hen Aifft ond pan fyddai seremoni bwysig yn cael ei chynnal, byddent yn gwisgo wigiau cyrliog, du fyddai wedi eu addurno gyda thlysau o aur ac ifori. Gwallt hir oedd yr arferiad yn y Groeg glasurol gyda'r merched wedi ei dynnu'n ôl i ffurf shinon. Byddid yn ei lifo'n goch hefyd gyda phowdr Henna ag ychydig o bowdr aur. Gwallt cwta fyddai dewis y dynion. Yr un oedd y drefn yn yr hen Rufain lle defnyddid haearn cyrlio a chai'r gwallt ei lifo'n felyn neu wisgo wigiau wedi eu gwneud o walltiau'r caethweision druan! Gweision a morynion fyddai'n trin gwalltiau'r boneddigion ac i bob pwrpas felly, gellir olrhain y salon gwallt i'r cyfnod cynnar yma.

Gwallt hir, plethog fyddai gan ferched di-briod Tsieina, tra byddai gwragedd priod yn ei gribo'n ôl yn gwlwm ar y gwar. Cadw'r gwallt yn hir a rhydd fyddai merched Siapan ond erbyn yr ail ganrif ar bymtheg datblygwyd steil llawer mwy urddasol gyda'r gwallt yn cael ei godi fyny o'r gwar a'i addurno gyda phinau a chribau gemog. Byddai merched Geisha yn treulio llawer o amser yn pararoi eu gwalltiau'n

Emma, Elin a Jano yn dechrau y broses o oleuo gwallt Llinos, un o'r staff

12

*Y genod yn edrych ar Anwen yn gwneud y steil gwallt diweddaraf
ar un o'i chwsmeriaid*

gymhleth iawn ac ychwanegu gwallt ffug.

Caed amrywiaeth eang o steiliau ar gyfandir Affrica yn dibynnu ar ba lwyth a statws y perthynai'r dynion a'r merched iddo. Byddai ymladdwyr Masai yn clymu tu blaen y gwallt yn blethau bach, main gan adael y cefn i dyfu hyd at y wasg. Byddai amryw o lwythi yn llifo eu gwalltiau gyda phridd coch a saim a rhai hyd yn oed yn ei galedu gyda thail anifeiliaid! Roedd merched llwyth y Mangbetu yn creu plethau main, hir a'u gosod dros fframwaith o wiail ar ffurf côn, cyn addurno'r cyfan gyda gweill hir o asgwrn.

Steilio'u gwalltiau yn ôl fyddai Indiaid brodorol America hefyd. Byddai llwyth y Mohican yn eillio'r pen ar wahân i grib fel ceiliog ar y corun. Hyd yn oed heddiw, pery carfan o bobl ifanc mewn sawl cwr o'r byd i efelychu'r steil hwn, er nad ydynt mor amlwg bellach. Gadael y gwallt yn hir fyddai Indiaid y Paith gan ei addurno â phlu. Gwnaed camwedd mawr â'r Indiad a leddid gan Gowbois a milwyr Americanaidd fel ei gilydd, gan y byddent yn blingo'r corun fel gwobr neu droffi mewn brwydr neu ymosodiad!

Yn ystod y Dadeni mae'n debyg y datblygodd steiliau gwallt yma'n y Gorllewin. Arferai merched bonheddig dynnu bob blewyn uwch ben yr wyneb er mwyn creu'r argraff o dalcen llydan! Tynnwyd gweddill y gwallt yn ôl yn dynn i arddangos penwisgoedd addurniedig y cyfnod. Tueddai merched yr Eidal fodd bynnag i guddio'r talcen gyda chapiau bach isel a thwrbanau gemog. Yr oeddent er hynny'n dra eiddigeddus o walltiau golau gogledd Ewrop a byddent yn eistedd am oriau dan wres yr haul mewn ymgais i oleuo'u gwalltiau! Defnyddid trwyth o saffrwm neu groen nionod i oleuo'r gwallt hefyd!

Elisabeth I oedd yn gyfrifol am walltiau cochion a'r wynebau gwyn bwganllyd a nodweddai ferched bonheddig yr unfed ganrif ar bymtheg. Gwelwyd defnydd helaeth o wigiau gwyn, modrwyog anferthol yn y ddeunawfed ganrif i ddynion a merched o dras. Byddai steiliau ambell wig yn cymryd oriau i'w baratoi, ond byddai rhaid iddo bara wedyn am wythnosau cyn ei ail steilio ac erbyn hynny byddai'n fagwrfa berffaith i bob math o chwain a llau!

Nid yw'n syndod i'r Oes Fictorianaidd fabwysiadu steiliau llawer mwy syber a phiwritanaidd. Er hynny, byddai gwragedd bonheddig yn sicrhau bod eu gwalltiau'n sgleiniog a hudolus. Taclusrwydd oedd y norm cyn ymddangosiad gwallt byr neu donnog ugeiniau'r ganrif ddiwethaf. Dyma'r cyfnod y gwelwyd merched cyffredin yn efelychu 'sêr' y cyfnod oherwydd datblygiad y sinema. Parhaodd hyn i'r pedwar degau a dylanwad Hollywood yn amlwg yn y gwalltiau cyrliog, rhamantaidd. Ond gyda dyfodiad y rhyfel, yr oedd rhaid bod yn llawer mwy ymarferol a thueddid i glymu'r gwallt yn ôl ar y gwar. Erbyn y pumdegau, yr oedd edrych yn ffasiynol a thrwsiadus yn bwysig a dioddefodd y gwallt gamdriniaeth mawr! Cai ei siapio, ei gyrlio'n dynn, ei chwistrellu, ei greu'n doniadau parhaol gyda chemegau fel nad oedd yr un blewyn yn symud

Anwen yn cuddio gwreiddiau gwyn. Dan ni ddim yn datgelu pwy!

o'i le! Dyma pryd y gwelid merched yn ymweld yn wythnosol â siop trin gwallt am y siampŵ a'r set! Nid merched yn unig chwaith gan byddai'r dynion yn efelychu sêr y cyfnod megis James Dean ac Elvis Presley.

Erbyn y chwe degau yr oedd steiliau gwallt merched yn haws eu trin oherwydd bellach fod mwy a mwy yn mynd allan i weithio ac amser yn brin yn y boreau. Dyma'r cyfnod esgorodd ar gynllunwyr gwallt ddaeth yn fyd enwog fel y diweddar Vidal Sassoon. Y fo fu'n bennaf gyfrifol am greu y 'bob' sy'n parhau'n boblogaidd heddiw ac hefyd, ffafriai steiliau siarp a geometrig. Un o glientau enwocaf Sassoon yn y cyfnod oedd y gynllunwraig ffasiwn Brydeinig, Mary Quant. Y hi fedyddiodd Sassoon yn 'Chanel y gwalltiau'.

Gyda dyfodiad yr 'hipi' addurnid y gwallt gyda blodau a rhubanau ac roedd y gwallt blond yn ffasiynol iawn. Parhaodd y pwyslais ar wallltiau hir i'r saith degau ac ychwanegid cyrls ysgafn, tonnog i greu effaith naturiol a rhamantaidd. Gwrthryfelodd carfan o gymdeithas i reolau'r cyfnod ym mhob agwedd o fywyd ac ymddangosodd y 'Pync' gyda steiliau gwallt digon i ddychryn rhywun yn gydynnau pigog o bob lliw dan haul ac ochrau'r pen wedi ei eillio ac yn aml wedi ei orchuddio gyda thatŵs! Dyma ddylanwad llwyth y Mohican y cyfeiriwyd ato eisoes a'r ysfa mae'n bosib i ymddangos mor fygythiol â phosibl a thynnu'n groes i gyfundrefn!

Tueddiad yr wyth degau oedd amrywiaeth o steiliau yn dibynnu a'r statws a gwaith. Ar un llaw ceid y merched pwerus ym myd busnes mewn siwtiau ffasiynol – y 'power dressers' ac ar y llaw arall, roedd eraill yn malio dim ac yn torri a steilio eu gwallltiau'n fyr neu beth bynnag fyddai sêr fel Madonna'n ei ffafrio!

I bob pwrpas, o'r cyfnod cynharaf hyd heddiw, mae steiliau gwallt yn dal i newid a bellach yr hyn sy'n bwysig yw ei fod yn gweddu ac yn ffafrio'r unigolyn. Pery dylanwad y 'sêr' wrth gwrs ac mae cylchgronau merched yn gyfrifol am greu y delweddau gwahanol. Beth bynnag ydi steil rhywun, mae rhan y cynllunydd gwallt yn holl bwysig a gall Jano, Anwen a'u staff ateb eich gofynion i'r dim!

Ffenest siop Igam Ogam

Cricieth

Pam dewis tref Cricieth fel lleoliad i salon gwallt tybed? Wel, pam ddim? Dyma leoliad perffaith o ystyried hanes, diwylliant a phoblogrwydd y lle bach hwn. Tref fechan hanesyddol gyda phoblogaeth oddeutu mil naw cant, yn nythu yng nghesail arfordir bae Ceredigion yn ardal Eifionydd yng Ngwynedd ydi Cricieth. Fe'i lleolir ryw bum milltir i'r gorllewin o Borthmadog a naw milltir i'r dwyrain o Bwllheli. Does ond ryw ddwy filltir a'r bymtheg i Gaernarfon oddi yma, felly mae'n dref eithaf canolog a chyfleus. Fel tref glan y môr, gall fod yn brysur iawn yn nhymor yr haf gyda llu o ymwelwyr yn taro heibio. Wrth gwrs mae'r traeth yn denu ond mae adfeilion y castell hefyd yn werth ymweld ag o. Yn wir mae iddo gysylltiad â'r ddau Lywelyn ac Owain Glyndŵr.

Er mai adfail yw'r castell erbyn hyn, nid felly tref Cricieth. Erbyn y bedwaredd ganrif ar bymtheg a dylanwad y Chwyldro Diwydiannol, roedd Cricieth yn datblygu fel tref glan y môr Fictorianaidd. Adeiladwyd ffordd dyrpeg o Dremadog i Borth Dinllaen, oedd i fod i gael ei ddatblygu fel y prif borthladd i Iwerddon, a datblygwyd rheilffordd y Cambrian o Aberystwyth i Bwllheli ym 1868.

Yn 1890, cafodd David Lloyd George, a aned ym mhentref cyfagos Llanystumdwy, ei ethol yn Aelod Seneddol Rhyddfrydol dros fwrdeisdrefi Caernarfon – sedd a ddaliodd am bumdeg a phump o flynyddoedd. Yn ystod y cyfnod 1916 i 1922, y fo oedd y Prif Weinidog. Profodd yn un o ddiwygwyr mawr yr ugeinfed ganrif ac oherwydd hynny a'i fywyd personol lliwgar, yr oedd yn naturiol i Gricieth ddod i sylw Prydain a thu hwnt. Lloyd George osododd y garreg sylfaen ym 1922 yn Neuadd Goffa Cricieth a gynlluniwyd gan Morris Roberts o Borthmadog.

Roedd hi'n naturiol felly i Gricieth ddatblygu'n gyrchfan boblogaidd fel canolfan wyliau a datblygodd yn economaidd yn ystod y bedwaredd ganrif ar bymtheg. Gyda chymaint o fynd a dod, roedd angen amrywiaeth o gyfleusterau i bobl leol ac ymwelwyr fel ei gilydd, a hyn roddodd fod i fusnesau'r dref. Mae wedi parhau felly hyd heddiw er bod dirwasgiad y blynyddoedd diwethaf hyn yn cael peth effaith ar fusnesau Cricieth. Dyma gartref yr hufen ia enwog, Cadwalader's wrth gwrs. Braf hefyd ydi medru canmol busnesau fel Igam Ogam, Deli Siop Newydd, Siop Ffrwythau D.J., bwyty Tir a Môr, busnes harddwch Tonic, Caffi Morannedd gynlluniwyd gan Syr Clough Williams-Ellis ac sydd bellach dan berchnogaeth Elisabeth George, gor-nith i Lloyd George, i enwi ond ychydig, sy'n fodlon mentro ac yn Gymry Cymraeg. Hir y parhaed felly.

Gair gan Anwen Jones

Y fi, Anwen ydi'r hynaf o bedwar plentyn Mr a Mrs Martyn Williams, Ystumcegid Isaf, Cricieth. Mae fy chwaer Sioned yn byw yn Llanystumdwy gyda'i gŵr Gerwyn sy'n heddwas fel Dewi, fy ngŵr innau. Rhaid fod yna ryw atyniad at ddynion mewn iwnifform yn teulu ni, oherwydd plismon oedd dad hefyd cyn troi at ffermio! Mae Huw fy mrawd, wedi ymfudo i Awstralia ers bron i bymtheng mlynedd ar ôl mynd yno am dri mis o wyliau i gychwyn. Mae wedi ymgartrefu yn Sydney lle

Llun Ysgol Gynradd Cricieth o Anwen (1975)

mae'n gweithio fel rheolwr i brosiectau adeiladu mawr.

Llun ysgol Anwen – Blwyddyn Babanod 1 (1974)

Drama 'Gelert', Ysgol Cricieth, Blwyddyn 5 (1979)

Dafydd ydi bach y nyth a fo sydd adref yn ffermio ac yn briod â Miriam, un o deulu Brychyni, Llangybi.

Cefais fy ngeni a'm magu ar fferm Ystumcegid, ond gallai pethau fod yn wahanol iawn pe bai Dad wedi aros gyda'r heddlu! I fod yn berffaith onest, doedd ei galon ddim yn y gwaith o blismona a phan gafodd wybod ei fod i gael ei adleoli o Feddgelert i ardal y Bala, penderfynodd ddod i ffermio at Taid ar ochr fy Mam, y diweddar Robert Tecwyn Davies, yn Ystumcegid.

Mae fferm Ystumcegid ryw ddwy filltir a hanner tu allan i Gricieth, i fyny i gyfeiriad Rhoslan. Arferwn gael tacsi yn ôl ac ymlaen i'r ysgol yng Nghricieth a thacsi i'r lôn fawr i ddal y bws i Ysgol Eifionydd yn ddiweddarach. Os byddwn eisiau mynd i rywle, byddai'n rhaid dibynnu ar Dad neu Mam a phan oeddwn yn hŷn, roedd rhaid cerdded neu fynd ar fy meic i Gricieth.

Atgofion Ieuenctid

Roeddwn wrth fy modd gyda'r Gaeaf pan oeddwn yn fengach a'r adeg hynny, roedd y gaeafau'n llawer caletach, felly golygai fwy o eira a methu mynd i'r ysgol oherwydd nad oedd y tacsi yn gallu dod i fyny'r allt at y fferm i'n ôl ni. Byddwn wrth fy modd yn chwarae allan gyda Sioned, Huw a Dafydd a llithro i lawr yr elltydd ar hen fagiau llwch!

Bywyd braf a dedwydd oedd hi ar y fferm a byddwn wrth fy modd yn helpu Dad yn fy ffordd fy hun er mae'n siŵr mod i wedi bod dan draed aml i dro! Yn y gaeaf, byddwn wrth fy

Martyn (tad Anwen), a Robin, Yr Hafan, Chwilog ar ddyletswydd (1966)

modd yn ei helpu i borthi ar foreau Sadwrn yn ystod tymor ysgol. Byddai'n rhoi y tractor mewn gêr isel a chawn innau ddreifio o amgylch y caeau tra byddai Sioned yn lluchio gwair i'r buchod. Fel roeddwn yn mynd yn hŷn, pylodd y diddordeb yn y ffermio ac erbyn i Dafydd gael ei eni a dechrau tyfu, roedd yn amlwg mai ef fyddai'r ffarmwr!

Byddai mam yn arfer gosod y tŷ i ymwelwyr yn ystod tymor yr haf. Fel llawer o ferched eraill, yn cynnwys Rhiannon, mam Jano, roedd yn fodd i sicrhau incwm ychwanegol. Ychydig iawn o wragedd sydd adref yn magu teulu ac yn gosod eu tai i ymwelwyr, sydd yn ystyried eu hunain yn wragedd busnes, ond dyna ydyn nhw go iawn. Mae'n debyg felly fod yr hedyn i greu busnes ein hunain wedi'i hau yn Jano a minnau o oedran ifanc iawn er nad oeddem yn ymwybodol o hynny. Byddai'r un bobl yn dychwelyd flwyddyn ar ôl blwyddyn i Ystumcegid a daeth un teulu o ochrau Llundain yn ffrindiau arbennig iawn i ni fel teulu. Byddem ni blant Ystumcegid wrth ein boddau'n eu gweld yn dychwelyd a chaem hwyl fawr iawn gyda phlant

*Martyn a Helen, tad a mam Anwen ar
ddiwrnod eu priodas
yng Nghapel Salem, Cricieth, Mai 1967*

Plant Ystumcegid (1978)

Llundain. Un o'n hoff ddiddordebau fyddai crwydro'r tir adra i chwilio am y man mwyaf delfrydol i greu ein 'den' neu wâl. Un flwyddyn fe adeiladodd Paula, yr hynaf o blant Llundain a finnau, y 'den' fwyaf anhygoel a barodd i'r diweddar Gwilym o Lanystumdwy, y gwas fferm, ei llosgi oherwydd iddo gredu fod ryw dramp wedi'i chreu ac yn lletya yno! Ond roedd hi'n werth ei gweld i ddweud y gwir ac yn union fel tŷ bach twt wedi ei orchuddio â rhedyn!

Bob haf, roeddem ni blant Ystumcegid yn cael mynd i aros ar fferm fy modryb yn Hirdre Fawr, Tudweiliog a threulio llawer iawn o'n hamser ar y traeth. Wedyn byddai Robert a Bethan, fy nghefnder a'm cyfnither, yn dod yn ôl i aros gyda ni am wythnos. Mae gennyf un atgof clir o bnawn braf ar lan y môr yng Nghricieth sydd wedi aros yn fy meddwl ac mae'n peri i mi chwerthin o hyd! Aeth Huw a Robert i grwydro ar hyd y traeth heb ddweud wrth Mam ble'r oeddent yn mynd. Ymhen hir a hwyr dyma Mam yn fy holi yn eu cylch a minnau'n ateb nad oedd gen i syniad. Neidiodd Mam ar ei thraed ac edrych i fyny ac i lawr y traeth yn wyllt ond dim golwg ohonynt yng nghanol y fusutors. Yn sydyn, gwelodd y ddau'n cerdded ar hyd y pier ac yn ei gwneud hi am y dŵr. Gwaeddodd ar Sioned a minnau i edrych ar ôl Bethan a Dafydd y ddau fach, a dechreuodd redeg ar hyd y traeth a gweiddi arnynt i aros. Ond doedd Robert a Huw ddim yn ei chlywed am fod tonnau'r môr yn taro'n swnllyd ar wal y pier. Erbyn i Mam druan gyrraedd yr hogia roedd botymau ei blows wedi agor a'r bra gwyn yng ngolwg y byd i gyd! Welais i erioed mo Mam yn rhedeg o'r blaen ac roedd yn cymryd llawer iawn iddi wylltio, ond roedd ganddi'r ffasiwn gywilydd o arddangos ei dillad isaf yn gyhoeddus fel nad oedd dim arall i'w wneud ond mynd â ni i gyd adref! Chafodd yr hogia ddim o flas ei thafod y diwrnod hwnnw!

Wn i ddim yn iawn o ble ddaeth yr ysfa i drin gwallt, ond o oedran cynnar iawn, dyma oedd fy unig uchelgais. Y tro cyntaf erioed i mi dorri gwallt rhywun oedd adref, a'r fodel gyntaf oedd Sioned, fy chwaer! Roedd Dad a Mam wedi mynd o amgylch y defaid adeg wyna gan adael y fi fel yr hynaf i gadw llygad ar fy chwaer a'm brodyr. Penderfynais fod Sioned angen steil gwallt newydd! Mae'n debyg mod i ryw ddeg oed ac felly roedd Sioned yn saith, bron yn wyth oed. Rhoddais hi i eistedd lawr o flaen y tân a dyma fi'n mynd ati i ddechrau torri! Torrais ei ffrinj yn gwta fel bod ei thalcen i gyd yn y golwg a thaflu'r gwallt i'r tân yn y gobaith na fyddai Dad a

Llun ysgol Sioned, chwaer Anwen, ar ôl iddi gael torri ei gwallt gan Anwen. (Sgwn i o ble daeth yr enw Igam Ogam!) (1978)

Mam yn sylwi! Wna i ddim dweud beth yn union ddigwyddodd wedi iddyn nhw ddod adra, ond mae ganddoch chi syniad reit dda, dwi'n siŵr! Mae'n syndod fod Sioned hefyd wedi hen faddau i mi ac yn gadael i mi drin ei gwallt erbyn hyn!

Fel llawer i ferch fach a fagwyd yn y saith degau cynnar, un o'r teganau ar gyfer merched oedd y 'Girl's World'. I ddeud y gwir, tegan digon hyll o edrych yn ôl – mowld o ben plastig hefo gwallt hir a rhwydd hynt i'w drin yn ôl dychymyg plentyn! Cafodd y 'Girl's World' sawl steil gen i ac yn y diwedd, cafodd yr un steil â gwallt Sioned a bu raid cael gwared arni.

Bu gennym ni blant geffyl o'r enw Smokey am flynyddoedd ac er ei fod braidd yn wyllt, roedd wrth ei fodd yn gadael i mi gribo ei fwng. Bob hyn a hyn byddai yntau'n cael tacluso ei ffrinj hefyd fel nad oedd yn mynd i'w lygaid! Go brin y byddai Smokey wedi cael gwobr am y *'Best turned out pony'* yn Sioe Nefyn heb sôn am y Sioe Fawr yn Llanelwedd!'

Dringo Ysgol Addysg

Cefais fy addysg gynradd yn Ysgol Gynradd Cricieth bryd hynny, Ysgol Treferthyr heddiw. Roedd criw da o ffrindiau gennyf yno a'r rhan fwyaf yr adeg honno'n Gymry glân, gloyw. Er hynny, roedd dylanwad y teledu ar ein chwarae a byddem wrth ein boddau'n dynwared y gyfres Americanaidd Charlie's Angels. Eirian fyddai'n chwarae Sabrina, Sarah neu Sharon fyddai Jill a finnau oedd Kelly! Byddai Sarah a Sharon yn gorfod actio Jill bob yn ail amser chwarae, am fod gan y ddwy ohonynt walltiau melyn hir. Rydw i'n cofio y byddai'n gystadleuaeth gennym i weld pwy oedd berchen y gwallt hiraf a finnau'n gweld fy hun yn cael cam am fod gennyf wallt cyrliog oedd yn mynnu codi fyny! Erbyn hyn yr unig un o'r genod rydw i mewn cysylltaid â hi ydi Sharon, sydd yn byw ym Mhorthmadog a Nesta sydd wedi ymfudo i Seland Newydd. Byddwn yn trio dod at ein gilydd bob tro y daw hi adref.

Y Prifardd Geraint Lloyd Owen bellach, oedd fy mhrifathro yng Nghricieth. Roeddwn wrth fy modd yn cael ambell wers ganddo. Daeth i mewn i'r dosbarth un diwrnod tra oeddwn yn cael gwers gyda Buddug Lloyd Roberts a gofyn am fy ngweld i ac Alwyn Parry, Trefan. Roedd fy nghalon yn pwmpio fel dwn 'im be' gan feddwl ein bod ein dau am gael pryd o dafod yn ei swyddfa am ryw reswm neu'i gilydd. Edrychodd Alwyn a finnau ar ein gilydd heb syniad beth oedd yn bod. Yna dyma fo'n gofyn i ni os hoffem gymryd rhan mewn rhaglen deledu a beth oedd hi ond *The Life and Times of David Lloyd George* (1981) gyda'r diweddar Philip Madoc yn chwarae'r brif ran! Wel roeddem wedi gwirioni a chawsom hwyl yn cael ein gwisgo mewn dillad hen ffasiwn i efelychu plant o'r cyfnod. Ond y peth mwyaf i mi oedd cael gwledda yng Ngwesty Bron Eifion am ddim ar ôl i'r ffilmio ddod i ben. Mae'n amlwg nad oedd bod ar y sgrîn fach wedi gwneud llawer o argraff arnaf!

Wedi'r cyfnod cynradd, ei throi hi am Ysgol Eifionydd, Porthmadog oedd hi wedyn. Waeth i mi gyfaddef hynny ddim, ond doeddwn i ddim yn rhy hoff o'r ysgol er i mi wneud ffrindiau newydd yn rhwydd. Fy hoff bwnc oedd celf, neu arlunio fel yr oedd yn cael ei alw yr adeg honno. Ar y dechrau cefais wersi gan Eddie Griffiths ac yna gan yr athro gwerth chweil Rob Piercy. Byddwn yn edrych ymlaen yn ofnadwy at ei wersi o bob tro. Cawn rwydd hynt i greu lluniau a byddai'n rhoi cyfarwyddiadau ac awgrymiadau ar wahanol dechnegau a lliwiau. Yr un egwyddor yn y bôn â steilio gwallt achos defnyddio technegau arbennig mae rhywun yno hefyd i greu delwedd i blesio'r llygaid. Yn yr un grŵp â fi roedd Elfyn Lewis, sy'n ennill ei fywoliaeth fel arlunydd heddiw ac sy'n gysylltiedig â grwpiau fel y Super Furry Animals, Big Leaves a Catatonia!

Cychwyn lledu f'adenydd

Yn bedair a'r ddeg oed, fy niddordeb mawr ar y pryd oedd mynychu Clwb Ffermwyr Ifanc Dyffryn Madog oedd yn cyfarfod bob nos Iau yn Ysgol y Gorlan, Tremadog. Arferai criw da ohonom fynychu yr adeg honno a byddwn yn ffodus iawn yn cael lifft yn ôl ac ymlaen gan Alan Beudy Glas, arweinydd y clwb neu gan ei chwaer Jackie. Rydw i bron yn siŵr fod Alan yn parhau i arwain heddiw, felly mae'r clwb yn lwcus iawn ohono.

Yn fy marn i, y Ffermwyr Ieuainc ydi mudiad ieuenctid pwysicaf cefn gwlad gan ei fod yn hybu a meithrin bob math o sgiliau hanfodol ymysg pobl ifanc. Oni bai am y mudiad hwn, fyddai gen i mo'r gallu na'r hyder i fod yn wraig fusnes lwyddiannus heddiw. Dysgodd y mudiad i mi pa mor bwysig ydi gwaith caled ac i feithrin yr hyder i ymdrin â phobl waeth beth fo'u cefndir. Drwy gyfrwng y mudiad, deuthum yn ffrindiau gyda llawer o wynebau newydd ac mae ein cyfeillgarwch wedi parhau. Yn wir un o uchafbwyntiau'r clwb i mi fyddai'r cymdeithasu yn y parti Dolig ym Mhlas Gwyn, Pentrefelin! Roedd yn westy poblogaidd yn y cyfnod hwnnw gyda llawer o glybiau eraill yn cynnal eu ciniawau Nadolig yno megis Clwb y Lôn Goed, Godre'r Eifl a Phorth Dinllaen. Rhoddai'r gweithgareddau cymdeithasol hyn gyfle i wneud ffrindiau newydd gyda llawer yn cael cariadon fyddai'n arwain yn ddiweddarach ymhlith rhai hyd lwybrau priodasol! Byddai'r Rali Ffermwyr Ieuainc wedyn a gynhelid yn flynyddol bryd hynny ar safle Coleg Glynllifon, yn gyfle i ymwneud â gwahanol weithgareddau a magu chystadleuaeth iach. Byddwn wrth fy modd yn trio mynd ati i drefnu blodau, coginio, newid teiar car a chymryd rhan yn y ras wely! Gan nad oes gen i fawr o lais canu na dawn dweud, wnes i ddim ymddangos ar y llwyfan pan ddeuai'r steddfod, ond byddwn yn gefnogwr brwd i bob un o nghyd-aelodau yn Nyffryn Madog. Y clwb, dw i'n credu, ddangosodd y ffordd at bwysigrwydd cyd-weithio effeithiol fel mod i heddiw yn medru tynnu 'mlaen cystal gyda Jano a gweddill genod Igam Ogam. Mae hyn yn hanfodol os am lwyddo fel tîm.

Gadewais yr ysgol uwchradd ym 1985 gyda'r sicrwydd mod i'n dal eisiau mynd i fyd trin gwallt. Cofiaf i mi roi perm gartref i Nesta, Pen y Bryn ac iddi droi allan yn iawn hefyd os ca' i ddeud! Yn ystod y cyfnod hwn hefyd, byddai llawer ohonom ni'n defnyddio cynnyrch o'r enw 'Sun In' sef math o gannwr neu *bleach* ysgafn i oleuo'r gwallt yn yr haf ac wedyn mynd allan i eistedd yn yr haul er mwyn iddo felynu! Gweithiai'n iawn i'r rhai pryd golau wrth gwrs ond ar fy mhen i edrychai fel cacen ŵy am fy mod mor dywyll!

Daeth yn amser i mi roi cais i mewn i fynd i goleg i gael yr hyfforddiant perthnasol i gael trin gwallt. Yr unig ddewis oedd gen i oedd un ai mynd i aros i Landrillo neu drio cael mynediad ar gwrs oedd wedi dechrau ers blwyddyn yn Nolgellau – yng Ngholeg Meirion Dwyfor fel y'i gelwir o heddiw. Dolgellau gariodd y dydd a daeth diwrnod y cyfweliad. Roeddwn yn nerfus iawn ar hyd y daith ac ar ôl

Criw Coleg Dolgellau 1985-87

Dyddiau'r perm – Sioned ac Anwen (1988)

cyrraedd a gorfod chwilio am yr ystafell gyfweliad. Cefais hyd iddi ymhen hir a hwyr ac eisteddais y tu allan i'r drws yn ofni'r hyn oedd o fy mlaen. Dim ond y fi ac un hogan arall oedd yno. Edrychai'r hogan arall yn hŷn na fi ac roedd yn llawn hyder ac wedi gwisgo'n ffasiynol iawn. Dwedais wrthyf fy hun, yr hogan fach hen ffasiwn o'r wlad nad oedd gen i obaith yn ymyl y fodel berffaith hon! I goroni'r cyfan, cyfweliad Saesneg oedd o ac roedd fy Saesneg i'n ddigon clapiog ar y pryd. Ond wir i chi, cefais fy nerbyn ar y cwrs ac roeddwn i wir wedi gwirioni'n lân!

Pan gychwynnais ar y cwrs doedd dim sôn am yr hogan hyderus, trendi oedd yno'r un diwrnod â fi! Diolch am hynny! Roedd criw da ohonom yn genod o ben draw Llŷn a sir Feirionnydd a phawb yn dygymod yn dda â'i gilydd. Dyma lle gwnes i gyfarfod Jano am y tro cyntaf. Daethom yn ffrindiau pennaf yn syth gan rannu'r un siwrnai bws i'r coleg yn ddyddiol am ddwy flynedd gyfan.

Roedd hi'n dipyn o dreth teithio bob diwrnod o Gricieth i Ddolgellau yn enwedig yng nghanol gaeaf. Doedd hi ddim yn braf codi'n blygeiniol a hithau'n dywyll a chan amlaf yn wlyb ac oer! Byddai'n dywyll fel bol buwch amser mynd adref hefyd, ond o leia' byddai andros o swper mawr yn fy nisgwyl. Diolch byth mai yng Nghricieth mae Ystumcegid – byddai meddwl am deithio i rywle fel Anelog yn Uwchmynydd wedi golygu o leiaf awr arall o deithio. Er hynny roedd digon o hwyl i'w gael ar y bws gyda Jano'n ein diddori!

Ein tiwtoriaid yn y Coleg oedd Jane Smith, sy'n dal i hyfforddi yno a Leslie Roberts. Teithiai Leslie Roberts yr holl ffordd o'r Rhyl bob diwrnod cyn cael swydd ym Mangor pan agorwyd Adran Trin Gwallt yno. Nid dysgu gwneud gwalltiau'n unig yr oeddem ar y cwrs ond roedd hefyd yn cynnwys Trin Ewinedd, Colur, Celf, Gwyddoniaeth, Cyfrifiaduron, Cymorth Cyntaf a gwneud wigiau. Roedd yr elfen wyddonol yn ddiddorol iawn ac yn dangos i ni sut i adnabod gwahanol afiechydon a chyflwr croen rhag ofn i ni ddod ar eu traws wrth ein gwaith.

Fel rhan o'r cwrs yn ystod yr ail flwyddyn, roedd yn rhaid mynd ar brofiad gwaith. Penderfynodd Jano a fi fynd i Fangor oherwydd roeddem am ddewis lleoliad lle na fyddem yn byw gartref. Roedd gen i fodryb mewn tipyn o oed yn byw ym Mangor a chafodd y ddwy ohonom aros

Ar gwrs gwallt ger Llangollen gyda ffrindiau coleg –
Anwen, Jano, Katie a Janet (1986)

Anwen a Janice o Blaenau yn salon y coleg, Dolgellau (1986)

gyda hi. Cafodd Jano leoliad mewn salon trin gwallt ym mhen pellaf Stryd Fawr a chefais innau fynd i Salon Debenhams, nad yw'n bodoli heddiw, wrth gwrs. Salon fawr grand oedd f'un i a thra bûm i yno'n helpu, ni chefais y profiad o wneud gwallt neb – yn wahanol iawn i'r hyn gafodd Jano yn ei salon hi. Mae'n siŵr eu bod nhw wedi gweld 'mod i'n handi hefo brws llawr ac yn gallu gwneud paneidiau! Ta waeth am hynny, cefais y profiad o fod yn fodel i un o'r merched a weithiai yno am ei bod hi eisiau cystadlu mewn cystadleuaeth. Rhoddais rwydd hynt iddi gyda fy ngwallt ar un amod nad oedd i ddefnyddio'r lliw copr. Ond pwy aeth adref y diwrnod hwnnw gyda gwallt yr un lliw â moron o siop D.J. Cricieth ond y fi! Do, bu raid i Jano olchi fy ngwallt tua pump o weithiau y noson honno a wyddwn i ddim pa un ai crio neu chwerthin ddylwn i'i wneud. Ond mynnai'r lliw aros gan mai un parhaol oedd o – a byddai'n rhaid i mi ddisgwyl iddo dyfu allan! Wnâi hynny mo'r tro, a thrannoeth mynnais fy mod yn cael ei liwio'n ôl yn frown. Diolch i'r drefn, a naddo es i ddim yn agos i'r gystadleuaeth chwaith! Wythnos dda oedd honno wrth edrych yn ôl ond synnwn i ddim nad oedd fy modryb yn falch o'n gweld ni'n ei throi hi am adra!

Dechrau ennill fy nghyflog

Enillais Dystysgrif *City and Guilds* mewn Trin Gwallt ar ddiwedd cyfnod fy hyfforddiant. Roedd yn rhaid bwrw iddi i chwilio am waith go iawn wedyn a chefais gynnig swydd yn

Salon Ginette yng Nghricieth. Bûm yno am ddwy flynedd hwyliog iawn o 1987 hyd 1989 a chael gweithio gyda Sharon, un o fy ffrindiau gorau yn Ysgol Cricieth. Merch Ginette oedd Sharon ac yn ddiweddarach bu Llinos, merch Sharon yn gweithio i Jano a minnau yn Igam Ogam. Yn Salon Ginette y dysgais y sgiliau hanfodol i ymdrin â phobl o wahanol gefndiroedd ac oedran a sylweddoli fod pob cleient yn unigolyn. Mae angen parchu pawb rydych yn ymdrin â hwy a rhoi o'ch gorau bob cyfle gewch. Mae angen bod yn gwbl onest â phawb a bod yn barod i awgrymu pa steiliau ac yn y blaen sy'n gweddu heb wthio'ch hun fel petae, ar rywun. Oes, mae cwsmeriaid anodd eu plesio fel ym mhob maes arall, ond mae'n rhaid eu trin hwythau gyda'r un parch. Yno i gynnig y gwasanaeth gorau bosib ydach chi fel bod y cwsmer yn gadael y salon yn berffaith fodlon ac yn bwysicach fyth, yn dychwelyd atoch.

Daeth Jano heibio un nos Wener ar ôl gorffen gweithio a dweud bod Morus o'r bartneriaeth brawd a chwaer llwyddiannus Ceri a Morus o Bwllheli, yn chwilio am rywun i weithio iddynt yn eu salon ym Mhorthmadog. Roedd y cynnig yn un rhy dda i'w wrthod am fod y cyflog yn well. Roedd yn gas gennyf orfod dweud wrth Ginette fy mod am adael oherwydd ei bod hi wedi bod mor dda yn rhoi gwaith i mi, ond roedd yn amser symud ymlaen.

Bu fy nghyfnod gyda Ceri a Morus yn un hapus iawn. Roedd criw da yn gweithio yma ac roedd staff Pwllheli a Phorthmadog yn gwneud yn iawn gyda'n gilydd ac yn cymdeithasu bron bob nos Sadwrn hefyd. Cyn priodi,

Noson allan gyda hen griw Ceri a Morus (Morus ar y chwith) (2004)

*Allan yn 'Chinatown', Manceinion gyda Jane (tiwtor coleg) a rhai o genod y coleg
ar ôl bod mewn sioe wallt yn ystod y dydd (1987)*

byddai Jano a minnau'n cadw'n heini yn ystod y cyfnod hwn
drwy fynychu dosbarthiadau Aerobics a chwarae Sboncen.
Byddem yn chwarae Sboncen dair gwaith yr wythnos bryd
hynny. Wedyn roeddem ill dwy'n mynd i dafarn Penlan ym
Mhwllheli i gael *Slimline Bitter Lemon* i dorri syched. Ar y
penwythnos, caem lymaid o rywbeth cryfach ym Mhenlan
wrth gwrs a dadwneud yr holl waith da ar gadw'n heini!

Arferai Jano gysgu'n ein tŷ ni yn ystod yr wythnos a
minnau'n aros yn Llanbedrog gyda hi ar y penwythnos.
Cofiaf un bore yn ystod yr wythnos ar ôl i mi fynd i weithio
i Borthmadog, fod Jano wedi aros acw gan fod ganddi
ddiwrnod rhydd o'r gwaith. Deffrowyd hi ganol bore gan
Sinsur, y gath. Agorodd Jano'i llygaid a gweld bod Sinsur
wedi dod ag anrheg iddi – llygoden yn hongian o'i cheg!
Neidiodd Jano o'i gwely'n sgrechian a fy ffonio fi, fel taswn
i'n gallu ei helpu ar y pryd!

Ddylwn i ddim chwerthin chwaith, ond o edrych yn ôl,
roedd pethau'n mynd o chwith yn y siop weithiau. Rydw i'n
cofio un diwrnod pan ddaeth cwsmer i mewn am liw golau
yn ei gwallt a gadael yn dywyll! Ar y pryd, wyddwn i ddim
beth allasai fod wedi mynd o'i le hyd nes i mi edrych yn iawn
ar y bocs lliw! Mae pob lliw gyda rhif arno ac roeddem yn
edrych ar y rhif ar y bocs ac nid ar y tiwb cynnwys. Wel,
roedd rhywun wedi cadw lliw rhif 6 ym mocs rhif 9, sydd yn

beth hawdd iawn i'w wneud yn dibynnu ar ba ffordd rydych yn dal y tiwb. Roedd y cwsmer druan wedi bod yn dweud fod y lliw'n edrych yn dywyll tra oedd yn datblygu, ond roedd mor brysur yn y salon y diwrnod hwnnw fel na chymerodd neb fawr o sylw ohoni. Wedi hanner awr o gael lliw ar ei gwallt, roedd hi wedi troi o fod yn benfelen i frown tywyll! Welais i mo'r cwsmer wedi'r anffawd honno! Peidiwch â phoeni, rydw i'n cymryd llawer mwy o ofal erbyn hyn ac yn sicrhau fy mod yn edrych ar rif y tiwb yn iawn cyn ei roi ar wallt neb!

Ar achlysur arall rwy'n cofio i mi dorri gwallt gwraig o Borthmadog a'i gweld allan gyda'i ffrindiau'n ddiweddarach y noson honno. Yn naturiol edrychais ar ei gwallt ac es i deimlo'n reit wan pan sylweddolais nad oeddwn wedi torri o gwmpas un glust! Sut nad oedd hi ei hun wedi sylwi ac un ai wedi dod nôl i gwyno neu ei dorri ei hun wn i ddim!

Tra oeddwn ym Mhorthmadog, cefais fynd ar sawl cwrs trin gwallt i ddysgu am y steiliau diweddaraf. Gan amlaf, roeddwn yn cael mynd i Lundain ac roedd sawl un o'r cyrsiau hyn yn agoriad llygaid ac yn hynod o ddiddorol a defnyddiol. Cofiwch, roedd rhai o'r steiliau fyddai'n cael eu harddangos yn gwbl amherthnasol i ni yma nghefn gwlad Cymru. Yn wir, roedd rhai yn gampweithiau celf gyda'r gwallt wedi'i steilio yn y ffurfiau mwyaf anhygoel, a digon hyll weithiau, gan arddangos holl liwiau'r enfys! Un chwythiad o wynt y môr yng Nghricieth a byddai fel nyth brân yng nghoed Bron Eifion! Ond mae'n bwysig cadw golwg ar yr hyn sy'n digwydd a'r peth pwysig yw addasu i siwtio gofynion cwsmeriaid lleol.

Un o'r steiliau gwallt mwyaf ffasiynol yn y cyfnod hwn oedd y 'Mullet' ac roeddwn yn ei gasáu. Steil oedd yn cael ei dorri'n fyr ar y corun oedd o a'i adael yn hir yn y cefn. Wrth gwrs, sêr byd canu pop oedd yn gyfrifol am yr ysfa i gael y steil hwn, ond fedrwn i ddim dychmygu dim byd gwaeth.

Ond doedd fiw i mi ddeud dim ond mynd ati hefo'r siswrn i blesio'r cwsmer. Roedd hyd yn oed y dynion wedi mopio hefo'r steil ac yn swancio hyd Stryd Fawr Port unwaith roeddan nhw'n gadael y siop.

Roedd y 'Rachel Cut' ar y llaw arall yn un o fy ffefrynau. Dyma'r steil a ffafriwyd gan Jennifer Aniston oedd yn actio Rachel Green yn y gyfres deledu Americanaidd, *Friends*. Roedd llawer iawn o ferched yn hoffi'r toriad a'r lliw. Erbyn heddiw, does yr un steil nad ydw i'n ei hoffi oherwydd mae mwy o bwyslais bellach ar beth sy'n gweddu i'r unigolyn ac os ydi hi, neu fo wrth gwrs, yn teimlo'n hapus a hyderus gyda'i edrychiad arbennig.

Canlyn a phriodi

Pan ddechreuais i weithio i Ceri a Morus ym Mhorthmadog, roedd y salon y drws nesaf i Orsaf yr Heddlu. Roedd yn lleoliad cyfleus i rai o'r heddweision alw i mewn i gael torri eu gwalltiau a dyna sut y bu i mi gyfarfod Dewi. Yn wir, bu i ni ddyweddïo o fewn pum mis a phriodi ym mhen blwyddyn wedyn yng Nghapel Salem, Cricieth! Un o Gaergybi, sir Fôn ydi o'n enedigol, yn un o bedwar o feibion Betty Jones a'r diweddar Gapten Wyn Jones. Mae'i fam yn dal i fyw yn ei hen gartref a bum yn ffodus i gyfarfod ei dad unwaith cyn ei farwolaeth sydyn. Mae'r rhan fwyaf o deulu Dewi ar y môr ond mae ei angor o wedi'i angori ym mhridd y ddaear yn hytrach na thywod y dyfnderoedd!

Doedd Dewi ddim yn gwbl ddiarth i mi pan ddaeth i dorri ei wallt y diwrnod cyntaf hwnnw! Arferai aros mewn fflat uwchben Station Bakery, Cricieth bryd hynny a byddwn innau'n mynd bob nos Fawrth i gyfarfod ffrindiau yn y Prince of Wales. Byddai Dewi'n chwarae badminton gyda rhai o hogiau Cricieth ac ar ddiwedd gêm, deuent i'r Prins i drochi pigau. Wnes i ddim cymryd llawer o sylw ohono'r adeg honno ond wrth siarad tra oeddwn yn torri ei wallt wedyn, gofynnodd i mi os buaswn yn hoffi mynd am bryd o fwyd. Cytunais ac aethom ar ein dêt cyntaf i'r Fic ym Mhwllheli. Cofiaf i mi gymryd y peth rhataf ar y fwydlen y noson honno sef sgampi a chips. Trio dangos mod i'n rhad i nghadw mae'n siŵr – ac mae'n sicr fod y bachyn wedi cydio yn y pysgodyn mawr ei hun!

Pan gyfarfu Dewi a minnau, roedd ganddo fop o wallt a fi sy'n cael y bai ei fod wedi'i golli ar ôl i ni briodi. Gormod o stress medda' fo! Mae'i fam yn beio'i helmed ond pur anaml y byddai'n gorfod gwisgo honno. Does dim rheswm arbennig pam fod rhai dynion yn colli eu gwallt ac mae'n

Diwrnod priodas Dewi ac Anwen – Tachwedd 17, 1990

debyg mai rhywbeth etifeddol ydi o. Tra oeddwn i'n gweithio yn lle Ceri a Morus yn union ar ôl i ni briodi, lansiodd cwmni L'Oreal ryw gynnyrch newydd i helpu dynion a rhai merched sy'n colli gwallt. Yn ffodus, doedd Dewi ddim digon gwirion i'w drio oherwydd roedd yn costio £60 y bocs – oedd yn arian mawr, yn enwedig bryd hynny. Beth bynnag, fe brynodd un o fy nghyd-weithwyr fwy nac un bocs i'w chariad, gan feddwl y buasai'n gweithio. Ond bu'n wastraff arian llwyr a dal i golli'i wallt wnaeth y creadur! Mae enwogion fel Elton John a Wayne Rooney wedi trio popeth i guddio'u moelni, ond yn fy marn i, os yw dyn yn colli'i wallt, wel ei dorri mor fyr â phosib yw'r gorau a pheidio â gadael ryw flewiach hir i drio cuddio'r corun moel. Ych a fi!

Ar ddiwrnod fy mhriodas, fedrwn i ddim gwneud fy ngwallt fy hun wrth gwrs. Gwallt cyrls naturiol sydd gen i ond ar y pryd roedd 'perms' yn bethau ffasiynol iawn ac roedd raid i mi gael un! Dyna beth sy'n gyfrifol am y ffaith mod i'n edrych fel tasa gen i gnu oen bach ar fy mhen ar y diwrnod mawr! Eryl o siop Morus oedd wedi cael y gwaith o wneud fy ngwallt ar y diwrnod. Roeddwn eisiau ei godi i fyny gyda dim ond ychydig o flodau ffres ynddo a dim fêl ar fy mhen. Nid oedd Eryl yn un dda iawn am gadw amser felly'r oeddwn wedi ei ffonio ddwywaith cyn cychwyn am siop Ceri a Morus, Pwllheli y diwrnod hwnnw i sicrhau y byddai yno! Ond roedd hi hanner awr yn hwyr ac o ganlyniad aeth popeth arall y bore hwnnw'n hwyr! Roedd gen i eisiau gwneud gwallt fy nhair morwyn sef Sioned fy chwaer, fy nghyfnither Bethan a Siân, merch brawd Dewi, ar ôl cyrraedd adref ac roedd amser yn brin. Oeddwn, roeddwn dros hanner awr yn hwyr yn cyrraedd y capel! Cadwodd Ann Pugh yr organyddes ei chŵl yn dda iawn meddan nhw, ond roedd y gwesteion i gyd yn dechrau amau os oeddwn i am ymddangos, heb sôn am Dewi druan!

Ar ôl priodi yn Nhachwedd 1990, bu Dewi a finnau'n ddigon lwcus o gael byw yn Nhŷ'r Heddlu yn Nefyn a chael cyfle i gynilo digon o arian i brynu darn o dir gyda hawl cynllunio arno ym Mhencaenewydd. Byddwn yn arfer teithio o Nefyn i weithio ym Mhorthmadog mewn Fiesta bach ac un diwrnod darganfyddais fod twll yn y rheiddiadur a system oeri'r injan yn colli dŵr yn o ddrwg. Doedd dim amdani ond torri ŵy i mewn iddo er mwyn i'r Fiesta bach ddal i fynd! Oedd, roedd arian yn dynn yr adeg honno ac roeddem ni'n methu fforddio rheiddiadur newydd. Ond wedi dweud hynny, mae wedi gorfod gwneud heb rywbeth yn sicrhau eich bod yn gwerthfawrogi yr hyn sydd gennych yn well ac yn eich dysgu i edrych yn llygaid y geiniog sy'n hanfodol bwysig os am redeg busnes llwyddiannus.

Wedi dwy flynedd o drafeilio'n ôl ac ymlaen o Nefyn i Borthmadog, dyma symud i Delfryn, ein tŷ newydd ym Mhencaenewydd ym 1993. Dyma i chi bentref bach

*Dewi, yn mynd â Megan am dro i Sir Fôn am y tro cyntaf
(1994)*

diwylliedig a chymdeithasol gyda phawb yn adnabod ei gilydd.

Ar 1af Mawrth,1994, ganed Megan Elen. Roedd hi ddiwrnod yn hwyr a bu'n rhaid i Dewi fynd i ymwneud â ryw garcharor yng ngharchar Walton y diwrnod hwnnw a Mam yn dod ataf i gadw cwmpeini i mi am fy mod yn ryw ddechrau teimlo'n giami! Ffoniodd Dewi o rywle ymhen tipyn i holi yn fy nghylch a dyma Mam yn dweud wrtho am frysio adref i fynd â fi i Fangor! Credai fod Mam yn tynnu ei goes a cael a chael oedd hi iddo gyrraedd adref ddiwedd y pnawn ac yn syth i Ysbyty Dewi Sant. A na, rhag ofn eich bod yn meddwl, nid yng nghar yr heddlu yr es i i'r ysbyty â'r golau glas yn fflachio!

Ganed Megan am hanner awr wedi wyth y noson honno. Roedd ganddi fop o wallt du, ond pan anwyd Gwen, doedd ganddi hi ddim blewyn! Dwy hollol wahanol, ond erbyn hyn, mae ganddynt walltiau hir gweddol gyrliog ac yn drwchus fel mwng ceffyl.

*Janet Williams, Trelawnyd, Chwilog –
nain Anwen a hen nain Megan
(1994)*

Penderfynais ar ôl geni Megan y byddai'n amhosib dychwelyd yn ôl i weithio. Roeddwn reit benisel yn gadael Morus a'r genod ond roedd hi'n braf cael bod adref yn magu babi

Martyn gyda'i wyres gyntaf, Megan (1994)

hefyd. Wedi cyfnod bach felly, dechreuais fynd o amgylch yr ardal yn trin gwalltiau yn ogystal â chael pobl ataf i'r tŷ. Roedd yn hynod o gyfleus gan weithio o amgylch oriau shifftiau Dewi, heb orfod dibynnu ar rywun i warchod babi. Byddai rhai teuluoedd yn dod at ei gilydd i un tŷ hefyd i sbario i mi fynd o gwmpas y wlad. Roedd llawer o gwsmeriaid yn byw ar ffermydd a'r dynion yn enwedig yn hoff o dorri eu gwalltiau adref i sbario mynd at y barbwr neu i'r siop trin gwallt leol.

Digwyddodd un anffawd i mi yn ystod y cyfnod hwn. Arferai cynrychiolydd o gwmni cynnyrch gwallt ddod ataf i'r tŷ i werthu a dangos y cynhyrchion diweddaraf. Cynigiodd gynnyrch newydd i mi i oleuo gwallt a chanmolodd ef i'r cymylau. Prynais beth ohono a'i roi i un o 'nghwsmeriaid. Wel, dyna'i chi drychineb! Edrychai'n debycach i deigr erbyn i mi orffen trin ei gwallt a doedd gen i ddim byd arall i gywiro y lliw. Roeddwn i bron â chrio heb sôn amdani hi! Bu raid i mi ei gwadnu hi lawr i'r fferyllfa agosaf ym Mhwllheli a phrynu lliw brown i roi ar ei gwallt a thrwy ryw drugaredd fe weithiodd yn iawn. Phrynais i ddim gan gynrychiolydd y cwmni gwallt wedyn!

Cofiaf dro arall mewn tŷ cwsmer ym Mhorthmdog hefyd pan ofynnodd y wraig i mi roi lliw yn ei gwallt, lliw yr oedd hi wedi'i brynu o'r fferyllfa. Roedd hi wedi penderfynu yr hoffai droi'n flondan, ond edrychai fwy fel albino erbyn i mi orffen efo hi! Dyma orfod ail-wneud ei gwallt hithau hefyd yn frown, ond diolch byth mai hi oedd yr un oedd wedi mynnu mod i'n rhoi'r lliw ar ei gwallt yn y dechrau.

Jano gyda Tomos ac Anwen gydag Alys, Pennant, Pencaenewydd (Haf 1993)

Deuthum yn ffrindiau gyda llawer o fy nghwsmeriaid pan oeddwn yn mynd i'w cartrefi a symudodd y rhan fwyaf ohonynt atom yn ddiweddarach i Igam Ogam. Roedd hyn yn galondid mawr i mi gan eu bod yn dangos gwerthfawrogiad o fy ngwasanaeth.

Erbyn hyn, roedd Jano wedi priodi ac yn byw gyda'i gŵr Huw a'u mab Tomos ym Mhentrefelin. Roeddem yn cyfarfod yn aml ac yn mwynhau paned a sgwrs a siarad am fabis! Ganed Cai, ail fab Jano ym 1995 a chafodd Dewi a minnau ferch arall, Gwen Owain ar 23ain Mai, 1996.

Un diwrnod, roeddwn wedi trefnu i gyfarfod Jano gan fod ganddi ryw newyddion syfrdanol i mi meddai hi! Fedrwn i yn fy myw ddirnad beth oedd ganddi dan glust ei chap ac yn

Gwen (merch Anwen) ar lan y môr yn Rhosgôr, Tudweiliog yn haf 1997

Ffarwelio â Jano cyn iddi ymfudo i Awstralia (1997)

sicr wnes i ddim breuddwydio ei chlywed yn dweud fod
Huw, hi a'r hogia'n gwerthu'r cwbwl ac ymfudo i Awstralia!
Wedi mi arfer â'r syniad, roeddwn yn eu gweld yn ddewr
iawn ac yn teimlo'n arw dros eu teuluoedd fyddai'n siŵr o
weld eu colli, ond os oeddent eisiau blas newydd ar fywyd,
yna mynd amdani! Roedd diwrnod y ffarwelio yn anodd
iawn ac am gyfnod wedyn, roeddwn i'n teimlo'n chwithig
iawn.

Y llythyr cyntaf ysgrifennodd Jano i Anwen ar ôl iddi gyrraedd Awstralia

Pan ddaeth y llythyr cyntaf o ben draw'r byd, fe'i darllenais drosodd a throsodd ac wir, mae o'n dal gen i! Cysylltai Jano a minnau'n aml ar y ffôn, ar ddyddiau Sul gan amlaf. Un cyd-ddigwyddiad hapus oedd fod yr ail dŷ y symudodd Jano a'r teulu iddo yn Sydney, ddim ond cwta filltir o bellter o ble mae Huw fy mrawd yn byw!

Roedd mynd o amgylch tai yn trin gwallt wedi bod yn gyfleus iawn i mi tra oedd y genod yn fach. I fam ifanc, brysur, yr unig anfantais o fynd o dŷ i dŷ mae'n debyg oedd gorfod cychwyn am wyth y bore weithiau a ddim yn cyrraedd adref wedyn tan tua hanner awr wedi naw y nos ac yn gorfod ffonio cwsmeriaid wedyn i drefnu apwyntiadau. Roeddwn i'n lwcus fod Dewi yn gwneud cymaint ag y gallai gyda'r genod ac i raddau roedd Megan a Gwen yn gweld llawer mwy ar eu tad nac ambell fabi arall yn y cyfnod hwnnw. Roeddwn i weithiau fodd bynnag yn teimlo mod i'n eu hanwybyddu braidd, wrth fynd o dŷ i dŷ. A finnau erbyn hyn yn gyd-berchennog siop, fuaswn i byth yn ystyried mynd o amgylch tai eto. Mae siop yn rhoi sefydlogrwydd ac oriau penodol i chi. Erbyn i Megan gyrraedd ei phump oed a Gwen bron yn dair, roedd ryw ysfa gen i i agor salon gwallt fy hun.

Bu Dewi a minnau'n trafod y posibiliadau o agor fy salon gwallt fy hun a dyma benderfynu mynd i weld siopau gwag yng Nghricieth. Yn fy marn i, roedd Cricieth yn dref ganolog, rhwng Pwllheli, Porthmadog a Chaernarfon ac yn lleoliad ardderchog ar gyfer salon. Hefyd, daeth un neu ddwy o siopau'n wag yng Nghricieth yn 2000 – ond roedd gan ffawd ei ran hefyd! Yn anffodus iddo fo, cafodd Huw, gŵr Jano, ddamwain wrth ei

Megan yn Ysgol Llangybi (2001)

43

waith a bu'n rhaid i'r teulu ddychwelyd adref i Gymru. Cysylltodd Jano i ddweud eu bod yn dod adref a heb flewyn ar fy nhafod, dyma fi'n gofyn iddi os oedd ganddi awydd agor siop trin gwallt efo fi! Doedd ddim eisiau gofyn ddwywaith! Yn ei gyfres ddiwethaf o'r 'Apprentice', dywedodd Syr Alan Sugar ei fod yn chwilio am ei Farks a'r gyfer ei Spencer a'i Lennon a'r gyfer ei McCartney. Wel, gydag ymddiheuriadau i'r entrepreneur enwog, y diwrnod hwnnw, cefais innau hyd i'r Igam i fy Ogam i!

Jano Hughes

Un o ferched Llŷn ydw i wedi fy ngeni a'm magu ym mhentref Llanbedrog yn un o bedwar o blant Rhiannon a'r diweddar Owen Davies Griffiths. Erbyn hyn, rydw i wedi ymgartrefu yng Nghae Ffynnon, Pencaenewydd gyda fy ngŵr Huw, mab Elwyn a'r ddiweddar Nansi, Perthi, y Ffôr, a'n tri mab, Tomos, Cai a Guto Morgan.

Cyfarfu 'Nhad a Mam yn blant ifanc pan arferai Dad fynd i Dŷ'r Ysgol, Llanengan – cartref Mam – i chwarae hefo'i brawd, Yncl Victor. Ymhen amser datblygodd cyfeillgarwch a drodd yn rywbeth mwy rhwng Dad a Mam! Cyd-ddigwyddiad ydi o fod yr un peth wedi digwydd yn fy hanes innau'n ddiweddarach! Ymunodd Dad â'r Llu Awyr fel aelod o'r Heddlu Militaraidd. Yn ystod y cyfnod hwnnw, roedd yn rhaid i bob hogyn ifanc wneud cyfnod o ddwy flynedd o wasanaeth milwrol. Priododd Dad a Mam ar derfyn y cyfnod hwnnw yn Eglwys Llanengan.

Jano hefo criw Ysgol Gynradd Llanbedrog.
Yn y llun mae'r diweddar Glyn Roberts, Prifathro. (1979)

Now a Rhiannon (tad a mam Jano)
yn dathlu pen-blwydd Now yn 75 oed yn Twnti

Wedi dychwelwyd adref, aeth Dad yn brentis saer coed gyda chwmni Sol Owen ym Mhwllheli ac yna sefydlu busnes gyda Victor, brawd Mam ac roedd ganddynt weithdy ym Modegroes, Efailnewydd. Yn ôl yr hanes gan Mam, dau ddireidus iawn oeddent ac yn llawn triciau. Ar sawl nos Sadwrn, clywid y ddau'n morio canu a chodi'r to yn y Ship yn Llanbedrog ac weithiau mewn tafarndai lleol eraill. Arferai Dad ganu mewn côr yn y pentre dan arweiniad Dic Crwnstad. Gan Dad mae'n debyg yr ydw innau wedi etifeddu fy llais canu.

Bu'r ddau'n byw yn Nhŷ Capel, Llanengan am gyfnod cyn ymgartrefu yn Nythfa lle fy magwyd i a fy mrodyr. Cadw tŷ a magu ni'r plant fu Mam am flynyddoedd cyn mynd i weithio fel nyrs gynorthwyol ar hen safle'r wyrcws ar yr Ala ym Mhwllheli ac wedyn i Ysbyty Bryn Beryl am flynyddoedd hyd at ei hymddeoliad.

Mae gen i dri brawd – Aled, Owi a Glyn – felly rydw i wedi dysgu ers yn ifanc iawn i sefyll ar fy nhraed fy hun a pheidio gadael iddyn nhw fy ngwthio i gongl!! Dyna pam rydw i mor siaradus mae'n debyg – wedi arfer cega' arnyn nhw! Na, go iawn, rydan ni'n ffrindiau mawr. Rhyw syrpreis o'n i dw i'n meddwl! Mae Mam yn deud o hyd fod Dad, ar ôl cael tri hogyn, yn awyddus i gael hogan fach ac fe gafodd ei ddymuniad. Fe'm ganed ar 27ain Medi, 1968. Roedd Dad ar ben ei ddigon ac fe waeddodd dros y pentra i gyd fod hogan fach wedi cyrraedd Nythfa! Llwythodd fy mrodyr i du ôl y fan Ford las ac i ffwrdd â nhw am Fangor i weld y bwndel bach pinc newydd. O'r diwrnod hwnnw, y fi fu cannwyll ei lygaid!

Aled ydi fy mrawd hynaf. Gadawodd Nythfa'n un ar bymtheg oed ar ôl derbyn prentisiaeth yn yr Amwythig gyda chwmni Rolls Royce. Bellach mae wedi ymgartrefu yng Nghaerwrangon ac yn rheolwr adran beiriannol cwmni Bosch. Mae'n briod a thad i dair o genod sef Dawn, Ceri a Jenna. Mae Owi, y canol o 'mrodyr, yntau wedi dilyn llwybr Aled gan adael cartref yn un ar bymtheg i fynd at gwmni Rolls Royce. Mae o'n parhau i fyw'n yr Amwythig ac yn gweithio i'r un cwmni. Mae ganddo yntau a'i wraig Diane dri o blant sef

Llun ysgol cyntaf Jano, ond fel y gwelwch arni, mae hi yn gwasgu ei llaw mewn ofn (1971)

Amy, Katie a Zak. Yn wir, mae o'n daid gan fod Katie'n fam i hogyn bach o'r enw Taylor John. Glyn, fy mrawd fenga ydi'r unig un sydd heb grwydro ymhell. Dilyn llwybrau fy nhad mae o wedi'i wneud ac yn saer coed. Mae wedi ymgartrefu yng Nghilan gyda'i wraig, Benita a'u merch, Oonagh Teleri.

Dyddiau Maboed

Fel unig ferch y teulu, pan oeddem yn blant, fyddai'r hogiau ddim yn gadael i mi ymuno'n eu chwarae o hyd. Ond fe fyddwn i'n ddigon bodlon yn chwarae hefo Domino, y ci bach du a gwyn. Dad ddaeth a fo i mi yn anrheg yn lle ŵy Pasg! Yn ôl y sôn, fe ddywedais wrth fy ffrindiau fod Domino wedi cyrraedd mewn clamp o ŵy Pasg! Dychymyg plentyn yn sicr ar waith!

Lle braf oedd Llanbedrog i fagu plant. Un o brif atyniadau'r pentref wrth gwrs ydi'r traeth braf. Byddwn yn treulio bron bob diwrnod yno yn ystod yr haf ac nid oes gen i fawr o go' ei bod yn bwrw glaw yn ddi-baid! Bob bore, byddai Glyn a finna'n mynd i ymdrochi. Roedd Dad wedi sicrhau ein bod ni blant yn gallu nofio cyn gynted ag yr oeddem yn gallu cerdded bron. Yn wir, Dad ddysgodd y rhan fwyaf o blant Llanbedrog i nofio! Yn ôl fy rhieni, edrychwn fel ci bach â'i glustiau fyny yn y dŵr gyda ngwallt wedi glymu'n ddwy gynffon bob ochr i mhen!

Deuai Mam a Dad a llond lle o fwyd gyda nhw i ginio – torth ffres fawr, potiad o fenyn, paced cyfan o ham, wyau wedi berwi, porc peis rif y gwlith, creision, diod pop a llawer o bethau eraill i ddigoni cenfaint lwglyd o blant! Y cof cliriaf sydd gennyf ydi gweld Dad efo'r dorth o'i flaen yn taenu'r menyn yn drwch arni a llwytho'r ham neu gaws ar wadan esgid o frechdan a'i tharo o'n blaenau gyda'r gorchymyn i fwyta llond ein ceubal gan na fyddai dim byd arall tan swper! Ond rhan amlaf, byddai Mam yn prynu hufen iâ i ni o'r caffi lan môr i'n cadw ni i fynd! A dyna lle bydden ni – teulu Nythfa'n eistedd ar flanced frethyn ac yn gwledda am tua awr.

Byddai traeth Llanbedrog yn llawn o bobl leol yr adeg honno. Byddai fy ffrindiau Falmai, Gwyneth a minnau wrth ein boddau'n cael ein cuddio mewn tyllau mawr yn y tywod a dim ond ein pennau'n y golwg. Wrth gwrs yr hogiau hŷn fyddai wedi cloddio'r tyllau hefo'u rhawiau a'u bwcedi lan môr a ninnau'n ddigon gwirion i adael iddyn nhw'n gorchuddio ni hefo'r tywod cynnes. Drwy gydol yr haf, byddwn yn frown fel cneuen a does gen i ddim co' o losgi er bod yr haul yn danbaid a dim sôn am hufen haul! Hyd yn oed pan ddeuai cawod o law, doedd o'n amharu dim ar ein hwyl. Y traeth oedd y lle i fod ac yn wir yr adeg orau i nofio oedd pan ddeuai cawod! Fe fydden ni'n troi cwch pysgota rhyw greadur wyneb i waered ac yn nofio oddi tano i gysgodi.

Arferai'r rhan fwyaf o wragedd Llanbedrog gadw fusutors yn ystod yr haf a doedd Mam ddim yn eithriad. Dyma'r cyfnod pan oedd mamau'n aros adref i fagu teulu ac felly roedd yn gyfle i wneud ychydig o arian ychwanegol at fyw a manteisio ar yr ymwelwyr. Mae'n siŵr i hyn gael peth effaith arnaf pan ddaeth yr ysfa i gychwyn busnes fy hun a'r ffaith fod Dad yn hunan gyflogedig hefyd. Yn Nythfa, roedd gennym rhyw gwt neu sied fach ar raddfa ychydig crandiach, yr oeddem yn ei galw'n chalet. Pan ddeuai'r haf, byddem ni'n mudo o'r tŷ i'r 'chalet' a'r 'fusutors' yn cael rhwydd hynt ar gyfforddusrwydd Nythfa. Dyma oedd trefn y cyfnod mewn sawl cartref arall. Doedd dim ots gen i ein bod yn gorfod symud dros dro, oherwydd credwn fy mod ar wyliau fy hunan yn y chalet. Roeddwn wrth fy modd yn byw yno am ychydig wythnosau, ond pan ddeuai diwedd mis Awst, edrychwn ymlaen i gael dychwelyd i'r tŷ fel rhyw wennol yn mynd 'nôl i ddiddosrwydd Affrica i dreulio misoedd oer y gaeaf.

Troedio tua'r ysgol

Mynychais ysgol gynradd Llanbedrog wrth gwrs. Ymhlith fy ffrindiau yno, roedd Jennifer Prydderch, Sheryl Davies, Angela Blackburn, Rodney Poole a Joseff Plas Glyn y Weddw. Caem goblyn o hwyl yn chwarae ymysg ein gilydd a does gen i ddim co' i mi gasáu mynd i'r ysgol o gwbwl. Cofiaf gael fy newis fel capten yr ysgol i gynrychioli'r genod a Paul Wheldon yn gapten ar yr

Llun Ysgol Llanbedrog o Glyn a Jano (1971)

Jano yn 'ferch y blodau' yng Ngharnifal Llanbedrog, Gorffennaf 1977

hogiau. Roedd cael bod yn gapten yn anrhydedd fawr a chaem wneud ryw ddyletswyddau bach pwysig yn ein golwg ni pan ddeuai'r galw megis ateb y ffôn neu ddangos ambell ddieithryn i ddosbarth y prifathro. Roedd yn syniad da gan ei fod yn ffordd o fagu hyder ymhlith plant ac ysgwyddo ychydig o gyfrifoldeb.Ymhlith fy hoff weithgaredd yn yr ysgol, roedd chwarae rownderi. Byddwn yn taro'r bêl i ben draw'r iard ac yn rhedeg fel tasa'r diafol ei hun ar fy sodlau. Mae'n siŵr fod rhedeg o flaen fy mrodyr wedi bod o fantais fawr i mi! Byddai tripiau i fannau fel Parc Eirias yn uchafbwynt hefyd a byddwn yn hynod o gyffrous pan ddeuai diwrnod trip yr ysgol. Dyna lle byddwn i rhan amlaf wedi llwyddo i gyrraedd sedd tu ôl y bws ac ar fy mhengliniau yn edrych drwy'r ffenest fawr gefn ar y lôn yn gwibio heibio neu'n siarad hefo hwn a'r llall!

Ysgol Botwnnog

Pan gyrhaeddodd Blwyddyn 6, bu'n rhaid i mi wneud un o benderfyniadau anodd cyntaf fy mywyd. Yn y gorffennol, byddai plant Llanbedrog yn mynd yn syth i Ysgol Glan y Môr, Pwllheli i dderbyn eu haddysg uwchradd. Ym 1980, cyflwynwyd newidiadau yn nhalgylchoedd ysgolion Llŷn ac Eifionydd oedd yn golygu y câi plant Llanbedrog ddewis Ysgol Glan y Môr neu Ysgol Botwnnog, 'hen ysgol hogia' Llŷn' ar dafod gwlad. Dewisais fynd i Fotwnnog oedd yn golygu ffarwelio â mwyafrif ffrindiau bore oes. Erbyn hyn, rydw i'n sicr i mi wneud y penderfyniad cywir. Mynychu Ysgol Botwnnog oedd un o gyfnodau gorau fy mywyd. Cefais addysg dda a phob math o gyfleon yno a gwneud ffrindiau go iawn. Roeddwn yn bur bryderus pan ddaeth diwrnod cyntaf yr ysgol fawr ac yn teimlo'n chwithig iawn yn y wisg ffurfiol ddu a'r tei streipiog du a melyn. Ond buan iawn y cefais fy nhraed odanaf a gwneud ffrindiau newydd.

Roeddwn wrth fy modd gyda chwaraeon ac fe wirionais yn lân pan gefais fy newis i dîm pêl-rwyd yr ysgol. Mae gennyf atgofion melys o gael fy nysgu gan Mrs Norma Hughes ac er y byddai'n gweiddi arnom yn aml i redeg yn gynt neu neidio'n uwch, roeddwn yn fy elfen. Cefais fy newis i fynd i chwaraeon y sir ym Mangor hefyd i gystadlu ar y naid hir. Er na wnes i ennill ar y diwrnod, roedd yn brofiad gwych. Chwaraeon efo Mrs Hughes a Chymraeg efo Miss Rhian Jones oedd fy hoff bynciau. Gwirionais yn lân ar astudio'r nofel *Y Stafell Ddirgel* gan Marion Eames ac fe'i darllenais ddwywaith cyn fy arholiad TGAU. Llên ar draul pynciau eraill!

Fe wnes i griw da o ffrindiau ym Motwnnog ac rydym yn parhau i gadw mewn cysylltiad â'n gilydd. Dyna'i chi Branwen sy'n feddyg teulu ym Meddygfa Treflan, Pwllheli erbyn hyn; Benita sydd bellach yn chwaer-yng-nghyfraith i mi ac Emlyn o Forfa Nefyn sydd yn awr yn ŵr i Branwen. Onid ydi bywyd yn gyfres o gyd-ddigwyddiadau deudwch? Yn ogystal, mae pedair ohonom wedi gwneud gyrfa o drin gwallt yn cynnwys Benita. Roeddwn hefyd yn aelod o gôr yr ysgol a Mrs Wini Jones, mam Branwen, yn ein hyfforddi yn ystod yr awr ginio. Weithiau, pan fyddai angen ymarfer ychwanegol cyn rhyw gyngerdd, caem osgoi gwersi fel mathemateg, ych-a-pych! Doedd mathemateg a finna' ddim yn cyd-dynnu er fod Mrs Norma Hughes, fy athrawes yn y pwnc hwn hefyd, wedi trio ei gorau glas. Ond er iddi fethu gwneud mathemategydd ohonof, fe ddysgodd fi i drin arian!

Cofiaf fynd ar drip ysgol bythgofiadwy i le o'r enw Hall-in-Tyrol yn ymyl Innsbruck yn Awstria. Er bod y daith fws yn hir drybeilig o Fotwnnog i Awstria, cefais i a fy ffrindiau gymaint o hwyl. Nid oedd llawer ohonom wedi bod dramor o'r blaen ac roedd diwrnod y trip yn andros o hir yn cyrraedd i ni blant disgwylgar. Yn ogystal, roedd eisiau dillad newydd a thrafod hefo fy ffrindiau beth oedden nhw am fynd efo nhw. Roedd fy nghês yn orlawn a thrwm drybeilig ac rydw i'n siŵr nad oeddwn angen hanner y pethau roeddwn wedi mynd efo fi! Roeddem mor gyffrous a chynhyrfus! Cael mynd ar wyliau dramor a hynny heb Dad a Mam! Os oedd Dad a Mam yn paratoi gwledd i bicnic lan môr, wel roedd eisiau sawl gwledd i 'nghadw i fynd nes cyrraedd Awstria! Er cychwyn ganol nos, byddai rhai ohonom wedi dechrau ymosod ar y brechdanau dirifedi cyn cyrraedd Pwllheli! Bron â byrstio wedyn a gorfod dioddef nes cyrraedd rywle fel Corwen i gael gwario ceiniog a hynny gefn drymedd nos! Cyrraedd y Gasthof Badl o'r diwedd a chofiaf fod fy ystafell i'n wynebu afon Inn â'i dŵr yn llifo'n wyrddlas hyfryd – am olygfa! Un o uchafbwyntiau'r gwyliau oedd mynd i gopa mynydd mewn car codi a gweld ei bod yn eira gwyn yno a hithau'n fis Gorffennaf a ninnau yn ein siorts! Am sbort oedd pledu'r athrawon hefo peli eira! Gwyliau a hanner oedd hwnnw ond fiw i mi ddweud bob dim ddigwyddodd. Mi fuom yn dipyn o lond llaw dwi'n sicr i Dr Dewi Rhys, Mr John Llyfnwy Jones, Miss Rhian Jones a Miss Heulwen Lloyd – neu Mrs Heulwen Brunelli erbyn hyn!

Hau hadau fy nyfodol

Er mod i'n dipyn o domboi yn fy mhlentyndod – pa ryfedd hefo tri brawd – roedd gen i ryw ysfa i drin gwallt erioed. Yn naw oed, dwi'n cofio cael y *Girls World* bondigrybwyll yn anrheg gan Siôn Corn. Hwn oedd y cam cyntaf a'm harweiniodd i'r lle'r ydw i erbyn hyn. Byddwn wrth fy modd yn ffidlan hefo'r gwallt ffug a chreu bob math o steiliau. Treuliais sawl awr yn golchi, cribo a steilio'r penglog plastig

ond unwaith y cefais afael ar y siswrn, fu fawr o siâp arno
wedyn gan na thyfai'r un blewyn yn ôl!

Byddai fy nhad yn aml yn torri gwalltiau dynion y
pentref ar gyda'r nosau. Yn ogystal, y fo fyddai'n rhoi *short
back and sides* – neu 'ben bowlen' – i fy mrodyr. Hefyd,
byddai Nain yn gadael i mi gribo ei gwallt a rhoi 'rollers'
ynddo – er na wyddwn sut i wneud hynny! Wedi gweld y
ffasiwn olwg ar Nain, fyddai neb arall o'r teulu yn fodlon i mi
gyffwrdd â'u gwalltiau. Byddai Mam yn rhoi taw ar fy swnian
weithiau ac yn gadael i mi frwshio ei gwallt. Ond yn amlach
na pheidio, byddai'r brws yn mynd yn sownd yn ei chyrls a
finnau'n trio ei dynnu'n rhydd heb ei brifo. Yn ystod cyfnod
coleg fodd bynnag, roedd Dad a Mam yn ddigon bodlon i mi
drin eu gwalltiau. Cefais anffawd unwaith wrth dorri gwallt
Dad hefyd. Wrth siapio o amgylch ei glust hefo siswrn go
finiog, llwyddais i frathu tamaid o gnawd a thynnu gwaed!
Gweld yr ochr ddigri wnaeth Dad a chwerthin a dyna wnes
innau hefyd wedi sdicio'r plastar ar y briw!

Dro arall, roedd Glyn yn awyddus i gael steil
ddiweddaraf y cyfnod. Roedd gan y pêl-droedwyr enwog
steil arbennig sef perm ar du ôl y pen a gadael y corun yn
fflat. Yr oedd yn edrychiad digon od ar y gorau, ond wir,
doedd o ddim yn gweddu i
Glyn. Ond roedd ffasiwn yn
galw a doedd dim troi ar fy
mrawd. Yn ystod fy
nghyfnod hyfforddiant,
cafodd sawl steil gwahanol
gen i ac ambell un yn
gweddu i'r dim iddo. Yn wir,
bu cael arbrofi ar Glyn o
fantais mawr i mi!

Awn efo Mam i gael
gwneud ei gwallt i siop Ceri

Margaret a Jano yn Ceri a Morus

a Morus ym Mhwllheli ar ddydd Sadwrn. Dyna lle byddwn i'n gwylio bysedd medrus y ddiweddar Elsie yn creu tonnau perffaith yng ngwallt Mam a gwylio Morus a'r merched eraill yn rhoi gweddnewidiad i walltiau gwragedd Llŷn. Weithiau cawn helpu i basio rolers i Elsie a brwsio'r llawr. Elsie awgrymodd y dylai Morus ofyn i mi weithio iddo ar ddydd Sadyrnau i'w helpu gyda mân swyddi. Tair ar ddeg oed oeddwn i ar y pryd ac mi neidiais at y cyfle. Fedrwn i ddim aros i gael dweud wrth fy ffrindiau mod i wedi cael swydd yn lle Morus!

Dyddiau Coleg

Pan ddaeth cyfnod Ysgol Botwnnog i ben yn 1985, roedd yn rhaid penderfynu ar goleg. Roedd Llandrillo yn dipyn o fagned ac i'r coleg yn y fan honno yr aeth fy ffrindiau Benita, Nia a Valerie. Ond doedd gen i fawr o awydd mynd a gadael cartre i letya'n y coleg ac felly doedd dim amdani ond troi fy ngolygon tuag at Goleg Dolgellau. Cofiaf yn iawn i Dad fynd â fi yno'n yr Allegro oren am gyfweliad, a nhu mewn i'n corddi. Roedd o'n ddiwrnod hynod o nerfus ac roeddwn yn gorfod sefyll rhyw fath o arholiad tra oeddwn yno. Dyna lle'r oeddwn i mewn ryw stafell gyda chymeriadau digon lliwgar

Cystadleuaeth trin gwallt yng Ngholeg Dolgellau (1986)

o fy nghwmpas ac yn meddwl wrthyf fy hun – be' ar wyneb

daear o'n i'n wneud yno ac yn difaru na fyddwn wedi mynd
i ganlyn fy ffrindiau. Doeddwn i'n adnabod neb! Ond bûm
yn llwyddiannus yn yr arholiad a chefais fy nerbyn i wneud
cwrs dwy flynedd.

Derbyn Hyfforddiant

I feddwl 'mod i mor siaradus, digon tawedog o'n i ar y bws y
bore cyntaf hwnnw i Ddolgellau. Wedi codi am hanner awr
wedi chwech, roedd eisiau dal y bws ymhen yr awr o
Bwllheli. Roeddwn angen gwneud hyn am y ddwy flynedd
nesaf ac er bod y siwrnai'n ddigon hir am yr wythnosau
cyntaf, fe ddois i arfer â hi a dod yn gyfarwydd â'r lôn
droellog. Erbyn hyn hefyd roeddwn wedi cyfarfod yr hogan
bryd tywyll 'ma a arferai ddod fyny ar y bws yng Nghricieth
– ia Anwen, wrth gwrs! Dwy arall y deuthum yn ffrindiau â
hwy yn y coleg oedd Katie Nunn o Fairbourne a Janet o
Borthmadog. Bob hyn a hyn, byddaf yn cysylltu â nhw a
chael cyfle i roi'r byd yn ei le.

Ar derfyn y diwrnod cyntaf yn y coleg, cawsom fag mawr
gwyrdd yn llawn o gelfi trin gwallt. Roeddwn yn awchu i
gyrraedd adref a chael golwg go iawn ar y cynnwys. Bu'n
rhaid i Nain, y gryduras, ddioddef cael rolers yn ei phen a
gwneud hynny'n ddi-gŵyn er nad oeddwn yn gwybod yn
iawn ar y pryd sut i'w rhoi'n iawn!

Cefais i ac Anwen dipyn o hwyl yn ystod ein cyfnod
coleg. Rydw i'n cofio un tro fod angen i ni wneud ryw ddarn
o waith *collagé*. Sut oedd hynny'n perthnasu â thrin gwallt ,
dydw i ddim yn sicr iawn ond ta waeth, doedd gen i fawr o
glem beth i'w wneud. Bu'n rhaid i Anwen druan dreulio
diwrnodau'n fy helpu a chwarae teg iddi, cefais farc go lew
am y pencampwaith!

Daeth y ddwy ohonom yn ffrindiau da iawn ac aem i
gartrefi'n gilydd i aros yn achlysurol. Roedd mynd i Bwllheli
ar nos Sadwrn yn hanfodol ac wedi cael ychydig o lemonêd,

Jano, Janice a Gill yn cael hwyl yn salon y coleg (1986)

byddai Dad yn disgwyl amdanom adref ac wedi gwneud llond lle o frechdanau i ni fel nad oedd y ddiod yn effeithio ryw ormod arnom drannoeth!

Cawsom hyfforddiant trwyadl iawn yn Nolgellau yn cynnwys gwneud wigiau. Nid gwaith hawdd ydi cynhyrchu wig. Cymerodd flwyddyn gyfan o fy nghwrs i wneud dim ond un darn bach o wallt ond roeddwn yn cael digon o sbort wrth geisio creu rhywbeth oedd yn ymdebygu i docyn o wallt! Dydw i ddim yn meddwl fod pobl yn sylweddoli faint o waith sydd y tu cefn i greu wig. Dyna pam y mae'n nhw mor gostus, yn enwedig y rhai sydd wedi eu gwneud o wallt go iawn.

Roedd y cwrs coleg yn fy siwtio i'r dim a finnau wrth fy modd gyda nhiwtoriaid Jane Smith a Leslie Roberts, er mod i'n amau erbyn hyn mod i wedi rhoi sawl cur pen iddyn nhw gan 'mod i'n siarad fel dŵr y môr yn gyson! Yn naturiol roedd arholiadau i'w wynebu'n y coleg a derbyniais dystysgrif *City & Guilds* mewn Coluro Cosmetig ym 1986 ac un arall Trin Gwallt ym 1987. Pan ddaeth canlyniad hwnnw, roeddwn wedi gwirioni'n lân gan i mi sicrhau Credyd am y gwaith ysgrifennu a Rhagoriaeth yn y gwaith ymarferol! Roeddwn yn ogystal wedi cael y wobr gyntaf gan y coleg ar fy mlwyddyn gyntaf am y myfyriwr gorau ar y cwrs ac fe gefais ail wedyn yn fy mlwyddyn olaf! Tra oeddwn yn y coleg, cefais gyfle hefyd i gyflawni amryw o gyrsiau ym Manceinion gyda chwmni byd enwog L'Oreal. Wrth gwrs, roeddem yn cael ein hyfforddi i dorri gwalltiau dynion hefyd, rhag ofn i chi feddwl mai dim ond merched sy'n dod i salon gwallt yn hytrach na'r barbwr traddodiadol!

Fel gydag unrhyw swydd, mae rhywun yn siŵr o gael anffawd ar brydiau, yn enwedig pan yn cychwyn arni ac yn sicr i chi rydw i wedi baglu ar y ffordd weithiau! Cofiaf un tro'n arbennig pan oeddwn yn gweithio dan hyfforddiant y coleg gyda Ceri a Morus. Daeth gwraig i fewn ac roedd tipyn o lanast ar ei gwallt i fod yn gwbl onest. Doedd fiw i mi ddangos hynny, wrth gwrs! Roedd hi'n dymuno cael aroleuo – rhoi *highlights* – yn ei gwallt, a dyma fynd ati. Y dull o wneud ar y pryd oedd rhoi cap fel cap nofio ar y pen a thyllau mân drosto i gyd. Mynd ati wedyn i dynnu peth o'r gwallt drwy'r tyllau gyda bachyn pwrpasol ac yna rhoi'r lliw arno. Y bwriad terfynol oedd y byddai gan y wraig dresi o wallt lliw 'platinum blonde' ymhleth yn ei gwallt brown naturiol. Yn anffodus, euthum ati i dynnu gormod o'r gwallt drwy'r cap a phan ddaeth yr amser i olchi a gwaredu'r cemegyn llifo, roedd ei phen bron i gyd yn olau, olau ac ddim yn gweddu o gwbl! Yn wir, edrychai'r wraig druan yn hynod o wael. Cefais andros o bryd o dafod gan y steilydd gwallt ar y pryd a gorfod ymddiheuro'n llaes i'r wraig anffodus. Diolch i drefn, doedd hi ddim dicach ac wedi ail-wneud fy llanast wedyn, edrychai'n llawer gwell. Chwarae teg iddi, dychwelodd i'r salon ymhen sbel a gadael i mi drin ei gwallt eto! Ond dyna fo fel yna mae rhywun yn dysgu'n de? Gallai'r wraig yna'n hawdd fod wedi tanseilio fy hyder yn llwyr a ngadael i'n bryderus iawn wrth roi'r un driniaeth eto!

Dechrau ennill fy mara menyn

Buan iawn y gwibiodd dwy flynedd o goleg. 1987 oedd hi a bûm yn ffodus iawn i gael gwaith llawn amser yn syth gyda'r brawd a chwaer llwyddiannus ym Mhwllheli, Ceri a Morus. Dyma ddau sydd wedi hen wneud eu marc ym myd trin gwallt a chreu enw iddynt eu hunain. Mae 'nyled i a sawl un arall yn fawr iawn i'r ddau yma. Bu Anwen yn lwcus yn cael gwaith yn lleol hefyd mewn siop trin gwallt yng Nghricieth ac yn ddiweddarach gyda Ceri a Morus yn eu siop ym Mhorthmadog. Bûm yn ffodus iawn o gael bwrw mhrentisiaeth gyda Ceri a Morus ac wrth gwrs roeddwn eisoes yn gyfarwydd â Morus. Roedd Morus yn berson hawdd iawn i weithio iddo, yn deg efo pawb ac yn medru ein hyfforddi heb fod yn awdurdodol. Byddwn i ac eraill o staff y siop yn cael ein hanfon ar amryfal gyrsiau i gael hyfforddiant pellach ar ryw agwedd o drin gwallt. Mae Anwen a finnau bellach yn gwneud yr un peth gyda'n staff ein hunain ac yn eu hanfon yn achlysurol i Fanceinion.

Mae gofyn cadw'r bys ar y pyls neu afael yn y siswrn fel petae yn gyson, er mwyn gweld beth ydi'r steiliau neu'r trend diweddaraf i wallttiau. I Earl's Court yn Llundain yr es i a chriw Ceri a Morus yn gyntaf a mynd yno yn y BMW oedd gan Morus ar y pryd. Roedd Gwenda – neu Gwenda Bach i'w chydnabod – a finnau wedi gwirioni cael eistedd yng nghefn y car ffansi i fynd i Lundain! Aros mewn gwesty moethus yn ymyl Earl's Court yr oedden ni ac yn gynhyrfus iawn o fod yn y ddinas fawr. Rydw i'n cofio Morus yn cyhoeddi ei fod am fynd â ni i weld rhai o atyniadau Llundain ar ôl swper a rhai ohonom ddim wedi gwisgo esgidiau addas iawn i gerdded. Doedden ni ddim wedi sylweddoli fod Morus am gerdded cymaint! Sôn am strach yn trio'i sodlu hi ar hyd palmentydd di-drugaredd a'n traed bach ni yn gweiddi am esgidiau cyfforddus.

Fore trannoeth, aeth Morus â ni i sioe walltiau. Dyna beth oedd agoriad llygaid. Gwelwyd rhyw steiliau anhygoel ac anghyffredin ac fe fydden nhw'n gwbl anymarferol yma yn Llŷn ac Eifionydd. Ond cyfle ydi creu gwalltiau fel hyn wrth gwrs i ddangos beth sy'n bosibl i'w wneud gyda'r gwallt ac i brofi camp a dawn cynllunwyr gwallt. Mae o'r un math o beth yn y bôn â chogyddion enwog fel Heston Blumenthal, dyweder, yn gwneud cawl malwod neu beth bynnag!

Cyfnod braf iawn oedd yr un yn gweithio hefo Morus. Roedd Rosie a'r ddiweddar Elsie yn ferched hwyliog a gweithgar iawn. Dysgais lawer gan y ddwy ac yn fy marn i, hwy oedd y ddwy orau a'm bermio a setio ym Mhwllheli yn y cyfnod hwnnw. Ond mae un person yn sefyll allan o'r criw, Margaret. Hi oedd mam y teulu ac andros o gês. 'Ma' ydw i'n ei galw o hyd. Margaret oedd yn cadw trefn arnom i gyd a synnwn i ddim nad ydi'n dal i gadw trefn ar Morus ei hun! Dydi hi wedi newid dim. Mae'n dal i edrych union fel yr oedd hi ugain mlynedd yn ôl. Ymhlith criw ifanc y siop ddaeth yno i weithio ar wahanol gyfnodau, roedd Gwenda Bach, Bethan, Emsil, Tim, y ddiweddar Karen Thredgill, Clint, Anwen, Cheryl, Ann, Alaw, Donna, Eryl, Delyth a minnau. Rydw i'n gobeithio nad ydw i ddim wedi anghofio neb!

Byddai'n dipyn o sialens gweithio'n y siop ar brydiau. Yn yr haf yn enwedig, byddai'n boeth iawn yn y siop, a byddai ambell gwsmer yn methu dal gwres y sychwr fyddai'n ffitio dros y pen! Byddai'n rhaid deialu 999 ar fyrder a finnau'n gorfod defnyddio fy sgiliau cymorth cyntaf! Digwyddai hyn fynychaf i'n cwsmeriaid hŷn. Yn ogystal, arferem gael cwsmeriaid o Butlins fel yr adwaenid y lle yr adeg honno. Byddai rhai dynion yn dod i fewn wedi cael peint neu ddau yn ormod ac yn teimlo'n fwy hyderus na'r arfer ac am lifo eu

Jano a Bethan Hughes ar eu gwyliau yn Corfu – Jano yn falch o'i stumog fflat (haf 1988)

gwalltiau! Cofiaf yn dda roi lliw pryd golau i ryw ddyn ac yn methu'n glir a chael y cythraul boliog at y sinc wedyn i olchi ei wallt gan ei fod yn cysgu'n drwm o dan y sychwr! Wel, sôn am syrcas a phawb yn gweiddi arno ac yn ceisio'i ddeffro. Roeddwn i'n crynu'n fy sgidiau ac yn meddwl byddai'r creadur yn mynd adra â'i wallt mewn bag wedi i'r lliw fod ar ei ben am gyfnod rhy hir! Yn y diwedd llwyddwyd i'w ddadebru ond bu'n rhaid i ddwy o'r genod ei lusgo at y sinc a golchi ei ben ac yntau erbyn hynny'n gwrthod cau ei geg ac yn gweiddi siarad a malu awyr! Ymhen hir a hwyr, daeth ei ffrind i fewn i'w 'nôl a finnau'n dweud nad oedd yn ddigon cyfrifol ar y pryd i gael torri ei wallt ac y byddai'n rhaid iddo ddychwelyd drannoeth. Roedd o dipyn haws ei drin pan ddychwelodd wedyn fel rhyw gi â'i gynffon rhwng ei afl!

O ran steiliau gwallt, does gen i ddim ffefryn personol. Yr hyn sy'n bwysig i mi ydi mod i'n medru cyflawni dymuniadau'r cwsmer. Wedi'r cyfan, plesio'r cwsmer ydi'n bara menyn ni. Os ydi cwsmer yn gadael y siop yn anhapus, wel dydy o ddim yn debygol o ddychwelyd yn ôl nac ydi ac efallai hefyd yn dweud wrth rywun arall mod i'n gwneud smonach o walltiau pobl! Ond mae'n rhaid i mi ddweud mod i'n casáu rhoi y perms bondigrybwyll oedd yn ffasiynol iawn yn yr wyth degau. Roedd pawb yn dueddol o edrych yr un fath â'i gilydd a doedd dim cyfle i roi ryw edrychiad unigol, fel petae. Hefyd roedd yr arogl amonia yn gallu codi cyfog ar rywun erbyn diwedd y dydd ac roedd o'n aros yn fy ffroenau am hir iawn wedi mynd adra! Roeddwn yn falch iawn o gael mynd allan i'r awyr iach ar ddiwedd y dydd coeliwch chi fi! Ydyn, mae perms yn dal i gael eu rhoi, ond erbyn heddiw mae datblygiadau ym maes y deunyddiau yn golygu fod y broses i gyd yn fwy derbyniol ac yn cymryd llai o amser.

Canlyn a Phriodi

Erbyn hyn, roeddwn yn canlyn yn selog gyda Huw. Deuthum i'w adnabod drwy gyfrwng

Jano a Huw yn canlyn (1990)

Bethan ei chwaer sydd bellach yn brifathrawes Ysgol Nebo. Roedd Bethan yn un o fy ffrindiau gorau ers yn ifanc a byddwn yn mynd am Perthi i'w gweld yn aml. Gyda threigl amser, parhawn i fynd i Perthi ond nid yn gymaint i weld Bethan, ond i weld Huw! O edrych yn ôl, y fi gymerodd y cam cynta' dw i'n meddwl! Ym Mhenlan, Pwllheli oeddwn i a dyna lle'r oedd Huw a'r ddau lygad glas 'na yn serennu arna'i a finna'n toddi! Dyma fi ato a dechrau siarad a dyna hi wedyn! I draeth Morfa Bychan ym Mhorth-y-Gest yr aethom ar ein dêt cyntaf yn fan Astra goch Huw ac yn gwrando ar gerddoriaeth roc AC/DC. Rhamantus de!

Rydw i'n reit hawdd fy mhlesio pan gaf drin fy ngwallt. Mae genod Igam Ogam yn gwybod yn iawn pa mor ddiog ydw i pan fo angen gwneud rhywbeth i fy ngwallt fy hun! Os caf rywun i olchi a sychu fy ngwallt rydw i'n fwy na bodlon er mai Anwen fydd bob amser

Diwrnod priodas Huw a Jano - Medi 21, 1991

Priodas Jano, hefo Karen, Vicky, Carmine, Yvonne, Sharon, Bethan, Anwen, Gwyneth, Donna, Gwenda a Mona (1991)

Y ddiweddar Nan ac Elwyn ar ddiwrnod priodas Jano a Huw – Medi 21, 1991

yn cael ei dorri a'i ail steilio. Wel, pwy wnaeth o ar y diwrnod mawr? Eryl oedd yn gweithio hefo fi yn lle Morus oedd yr un. Gadewais iddi gael rhwydd hynt ar fy ngwallt gan adael iddi greu tonnau ysgafn a sicrhau fod fy mhenwisg ddim yn dod yn rhydd!

Priodwyd ni ar 21ain Medi, 1991 yn Eglwys Llanbedrog gan gychwyn ein bywyd priodasol mewn fflat bach yn wynebu'r môr yng Nghricieth. Mae'r cartref cyntaf dybiwn i i bob pâr priod yn un arbennig ac roedd Huw a fi'n hapus iawn yng Nghricieth. Ond daeth ryw ysfa i symud a phrynu tŷ ym Mhentrefelin. Gan mai saer ac adeiladwr ydi Huw wrth ei alwedigaeth, rhoes ei sgiliau ar waith yn y tŷ a bu wrthi am dros flwyddyn cyn fod modd byw ynddo. Yno ym Mryn Derwen y ganwyd Tomos a Cai.

Gadael Cymru Fach

Mae'n rhaid fod peth gwaed Romani yng ngwythiennau

Huw a fi ac roedd rhyw ysfa wedi gafael ynom eto i symud i rywle cynnes, braf gydol y flwyddyn a chael barbaciws bob nos. Roedd Awstralia'n denu ac er ei fod yn benderfyniad mawr ac anodd i adael teulu a ffrindiau a ninnau'n deulu ifanc ein hunain, roedd Huw a finnau'n bendant ein bod eisiau blasu bywyd Oz! Felly y bu hi ac ym mis Tachwedd 1997, fe ymfudom ni i Sydney, Awstralia. Fel yr agosâi diwrnod y ffarwelio, roeddem yn gyffrous iawn ond hefyd yn ddigon pryderus a thrist o feddwl fod rhaid i ni adael ein teuluoedd, ffrindiau a Chymru fach. Cawsom barti mawr yn Woodlands Hall, Edern cyn gadael i ffarwelio â'n ffrindiau a chydnabod. Aeth Mam a Dad â ni allan am swper i Abersoch gyda'r teulu agosaf hefyd.

Roedd ffarwelio gyda'r teulu'n anodd drybeilig. Wna i fyth anghofio wyneb Dad yn y garej yn Llanbedrog wrth i ni fynd at y tacsi i'r lôn o Nythfa. Roedd Mam druan wedi ffarwelio yn barod ac wedi'i throi hi am y tŷ yn hytrach na'n gwylio'n mynd yn y tacsi. Ond mynd oedd raid. Huw a finnau'n cerdded ar y blaen lawr llwybr yr ardd a dau o hogia bach penfelyn yn ein dilyn yn methu deall pam fod pawb yn crio! Rydw innau'n gorfod cyfaddef i mi adrodd drosodd a throsodd yn fy meddwl fel ryw fantra, fod bywyd cyffrous a newydd yn ein disgwyl yn Awstralia a bod ni'n gwneud y peth iawn. Uchelgais pawb sy'n dewis mudo yn fy marn i ydi ceisio bywyd newydd er gwell i bawb, a pham ddim dewis Awstralia.

Cofiaf eistedd ar yr awyren yn dod i mewn i'r maes awyr ac yn hedfan dros bont enwog Sydney a phawb yn gweiddi'n gynhyrfus ein bod wedi cyrraedd! Gofynnodd ryw ddynes i mi faint o amser roeddem am dreulio ar wyliau yno a finnau'n ateb yn hyderus, '*We've emigrated!*' Cefais bwl mawr o banig am funud a meddwl be' ar wyneb daear roedd Huw a finnau wedi wneud yn llusgo'r hogiau yma. Ond buan y ciliodd bob petrusder yn enwedig pan welais Jane fy nghyfnither – sydd bellach yn nyrs ym Meddygfa Treflan, Pwllheli – wedi dod i'n cyfarfod yn y maes awyr. Roedd Jane yn byw yn Awstralia ers peth amser ac wedi cyfarfod ei gŵr yno ac i raddau roedd y ffaith ei bod hi yno'n barod yn ffactor arall a'n denodd ni i'r wlad.

Tomos (3½ oed) a Cai (1½ oed)

Buom yn aros gyda Jane a'i gŵr, Andrew, a Siân, y babi newydd, am wythnos er mwyn cael ein traed danom a chyfle i chwilio am do uwch ein pennau, llogi car, prynu dodrefn ac yn y blaen. Dydw i ddim yn meddwl ein bod wedi llawn sylweddoli ar y pryd pa mor anodd a chymaint o straen meddyliol fyddai hyn. Ond dyna fo, roeddem yn cael gwireddu ein breuddwyd ac roedd gofyn blasu'r chwerw yn ogystal â'r melys. Wedi ychydig o fisoedd, roeddem wedi setlo a rhentu tŷ yn Enmore, maesdref bychan gyda phoblogaeth o ryw 3400 i'r gorllewin o Sydney. Roedd yn dŷ bach digon cyfforddus gyda gardd reit fawr â choeden lemon yn tyfu ynddi.

Tomos a Cai ar eu trampolîn newydd yn yr ardd yn Awstralia (1997)

Cawsom hyd i ysgol dda i Tomos ond roedd ei ddanfon yno ar y diwrnod cyntaf yn galed ar Huw a finna. Dyna lle'r oedd o yn Gymro bach yn deall y nesaf peth i ddim Saesneg ac yn gorfod mynd i ganol plant bach o bob cenedl. Ond buan iawn y cafodd ei draed oddi tano fel mae plant yn gallu gwneud. Roedd yn prysur droi'n 'Aussie' bach ac rwy'n cofio fo'n gofyn un bore cyn mynd i'r ysgol a hynny yn Saesneg, *'Can I have some tucker?'* yn ei acen Awstralaidd newydd, a finnau'n chwerthin dros y tŷ'n meddwl ei fod yn ddoniol. Roedd Tomos wedi gofyn am rywbeth hollol naturiol yn ei feddwl gan mai dim ond gofyn am ei fwyd wnaeth o!

Wedi treulio cyfnod yn Enmore dyma benderfynu symud eto er mwyn cael gardd fwy yn benodol i'r hogiau gael lle i chwarae. Wnaethom ni ddim symud ymhell, dim ond i faesdref arall o'r enw Marrickville oedd ychydig yn fwy nac Enmore gyda phoblogaeth o ryw 23,500. Mae Marrickville ar lan afon Cooks ac mae ochr ddeheuol y maesdref yn un mae Awstralia'n ei alw'n hanesyddol. Adeiladwyd plasty mawr Fictorianaidd yno'n 1857 gan ŵr busnes llwyddiannus o Sydney o'r enw Thomas Holt. Yr hyn sy'n ddiddorol iawn i mi ydi mai enw'r plasty oedd Warren oherwydd fod Thomas Holt yn magu cwningod yno! Wrth gwrs, roeddwn i – bob tro y clywn gyfeiriad at y lle – yn meddwl yn syth am Gymru fach a'r 'Warren' yn Abersoch! Hefyd, cysylltir Marrickville â nifer o enwogion Awstralaidd megis David Wenham yr actor sydd wedi ymddangos yn y ffilm 'Lord of the Rings' ymhlith eraill.

Yma hefyd y magwyd cyn gapten tîm criced Awstralia, sef Bob Simpson, ac ef oedd eu hyfforddwr yn ddiweddarach o 1986 hyd 1996.

Os setlodd Tomos yn ddigon sydyn yn ei ysgol, bu'n stori wahanol gyda Cai. Dim ond am wythnos y bu o yn yr ysgol feithrin yn Marrickville. Doedd y creadur bach ddim yn deall dim a ddywedai plant bach eraill wrtho ac aeth yn ffrae go iawn un diwrnod rhyngddo fo a hogyn bach Tsieiniaidd. Doedd yr un o'r ddau'n gallu cyfathrebu â'i gilydd a bu bron iddi ddatblygu'n gwffas go iawn rhyngddynt. Doedd dim amdani ond chwilio am feithrinfa arall ac yn ffodus iawn cefais hyd i un wrth ymyl Enmore. Yn wyrthiol, fe setlodd Cai yno mewn dim.

Wrth reswm, nid oedd yn bosibl i mi aros adref yn gwneud dim gan fod arnom angen arian cyson yn dod i mewn os oeddem am lwyddo'n ein gwlad fabwysedig. Llwyddodd Huw'n syth i gael gwaith fel saer coed. Euthum innau ati i weld a fedrwn i wneud defnydd o fy sgiliau trin gwallt ac yn wir bûm yn lwcus i gael gwaith mewn siop yn y ganolfan siopa ym Marrickville. Dau frawd o wlad Libanus oedd yn berchen y siop. Nid oedd yr un o'r ddau yn trin gwalltiau eu hunain dim ond yn gofalu am ochr ariannol y busnes.

Dysgais lawer o bethau newydd yn y siop yma. Yn un peth, oherwydd fod Marrickville yn ardal amlddiwylliannol a phobl o sawl cenedl yn byw yno, deuwn ar draws cwsmeriaid gydag ansawdd gwalltiau gwahanol i ni'r Cymry. Dysgais dechnegau gwahanol o dorri gwalltiau ac o ddefnyddio lliw. I ddweud y gwir, oni bai am y profiadau a

Jano ar y dde yng nghwmni Bryn Terfel, yn Nhŷ Opera, Sydney, Awstralia. Jane ei chyfnither sydd gyntaf ar y chwith, a'i ffrindiau. (Ionawr 22, 1999)

gefais yn y salon yma, nid wyf mor sicr y byddwn wedi gallu mentro agor busnes gydag Anwen. Rhoddodd ryw hyder newydd i mi a datblygu fy sgiliau.

Daeth bywyd yn gyffredinol haws i ni. Roedd Tomos a Cai wedi setlo yn eu hysgolion ac wedi gwneud ffrindiau bach newydd. Yr un oedd fy hanes i a Huw. Wrth gwrs, roedd y ffaith fod Jane yno yn help mawr ac fe'n cyflwynodd ni i lawer o'i ffrindiau a'i chydnabod hi. Cofiaf un noson fythgofiadwy ym mis Ionawr 1999, pan aethom yn griw eithaf mawr i Dŷ Opera enwog Sydney i wrando ar neb llai na'r cawr ei hun o Bantglas – Bryn Terfel!

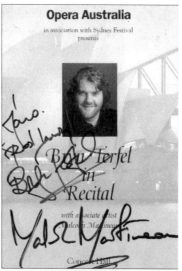

Llyfr a gafodd Jano tra yn Awstralia wedi' lofnodi gan Bryn Terfel – Ionawr 22, 1999

Eisteddwn yn fy sedd gyfforddus yn y Tŷ Opera a Bryn yn canu hen ffefrynau Cymraeg fel 'Migildi Magaldi,' 'Deryn y Bwn' a 'Dafydd y Garreg Wen' ymhlith eraill. Cododd hiraeth mawr arnaf ac roedd y dagrau'n agos! Mae rhai yn dweud fy mod wedi'i cholli hi braidd ar ddiwedd y cyngerdd pan waeddais 'Ogi! Ogi! Ogi!' dros y neuadd! Wedi'r perfformiad, buom yn ddigon ffodus i gael cyfarfod Bryn Terfel a chael sgwrs ag o. Wel, am ddyn clên!

Deuai ffrindiau draw o Gymru i aros hefo ni ar adegau. Bethan Perthi, chwaer Huw a Nia Plas, Llwyndyrys a ddaeth gyntaf. Yna daeth Elan, chwaer ieuenga' Huw. Cawsom andros o sbort gyda'r dair a chyfle i wneud dipyn o grwydro yma ac acw yn eu sgîl.

Breuddwyd yn dod i ben

Ond daeth terfyn rhy sydyn o lawer ar ein breuddwyd

Awstralaidd. Anafwyd Huw mewn damwain tra oedd wrth ei waith ac roedd yn anochel ein bod yn dychwelyd i Gymru wedi dwy flynedd gyffrous yn ein hanes.

Pe bai pethau wedi bod yn wahanol, y tebygrwydd ydi y byddem wedi aros yn Awstralia. Rhaid cyfaddef fod bywyd yn braf yno. Roedd y tywydd wastad yn gynnes, hyd yn oed ym misoedd y gaeaf. Wrth gwrs, ceid ambell noson ddigon oer yn y gaeaf hefyd ac oedd, roedd hi'n bwrw glaw ar gyfnodau. Rwyf wedi bod yn ôl unwaith am wyliau byr, ond yn rhyfedd iawn, nid oedd y lle yr un fath. Roedd amryw o fy ffrindiau hefyd wedi gadael yn cynnwys y ddau frawd oedd yn cadw'r siop trin gwallt. Mae hen ddywediad yn does, yn dweud nad ydi pethau byth yr un fath yr eildro. Cofiwch, dydi Huw na finnau'n difaru dim ein bod wedi codi pac ac yr ydw i'n grediniol ei fod wedi gwneud lles mawr i ni gyd, ac wedi lledu gorwelion Tomos a Cai'n siŵr i chi.

'Nôl adra

Wedi dod adref, prynasom dŷ ym mhentref y Ffôr a setlo unwaith yn rhagor. Cefais fynd i weithio at Benita, gwraig Glyn fy mrawd, yn Tonnau Aur, Abersoch.

Daeth Anwen draw i'm gweld un noson ac roedd yn amlwg fod ganddi rywbeth dan glust ei chap! Pan awgrymodd y dylem ein dwy sefydlu busnes, wnes i ddim petruso a rhoddwyd cychwyn ar fenter Igam Ogam!

Mae yna ddywediad yn does – 'Tŷ newydd, babi newydd'. A dyna ddigwyddodd – cafodd Tomos a Cai frawd bach, Guto Morgan yn 2005. Dechreuodd Huw a finnau feddwl am symud i dŷ mwy eto a buom yn lwcus a

Tomos, Cai ac Oonagh Teleri gyda Taid Llanbedrog

Yn nhafarn yr Australia, ym Mhorthmadog, ar ôl i Jano ddod adref

Dathlu cael Jano yn ôl i Gymru ar ôl iddi fod yn byw yn Awstralia (2000)

phrynu Cae Ffynnon ym mhentref Pencaenewydd. Roedd dipyn o waith adnewyddu i'w wneud ac fe gadwodd Huw'n brysur am flwyddyn. Pentref bach tawel ydi Pencae a phawb yn adnabod pawb. Mae amryw o deuluoedd ifanc wedi ymgartrefu yno hefyd . Wrth gwrs, mae Anwen yn byw ar waelod y pentref ac er ein bod yn cyd-weithio, byddwn hefyd yn gweld ein gilydd bron bob diwrnod tra byddwn yn mynd â'r cŵn am dro ac yn siarad siop a rhoi'r byd yn ei le.

Dydi cynnal busnes a magu teulu ddim yn hawdd ond erbyn hyn gan fod y plant yn hŷn, mae pethau'n haws. Bu'r

*Guto Morgan yn Borthwen, tra oedden ni'n
ai-lwneud y tŷ yn y Ffôr*

Guto Morgan yn 'pôsio'

teulu'n gefn mawr, yn enwedig Huw. Mae Tomos a Cai wrth gwrs yn hogia' ifanc erbyn hyn a Guto'n yr ysgol a gallaf orffen gwaith yn gynt er mwyn ei 'nôl o'r ysgol. Cofiwch, dw i'n cyfaddef mod i'n reit ddi-drefn ar adegau ac er mod i wedi cael cylchlythyrau o'r ysgol, dydw i ddim bob tro'n eu darllen yn ddigon gofalus a chyn heddiw 'dw i wedi cyrraedd iard yr ysgol a chael fod neb yno gan ei bod yn ddiwrnod hyfforddiant athrawon! Mae Guto o ganlyniad wedi treulio ambell ddiwrnod efo fi'n y siop a phwy a ŵyr, falla bydd o ryw ddiwrnod yn gynllunydd gwallt wedi'n gweld ni wrth ein gwaith yn Igam Ogam!

Mae Tomos bellach yn bedair ar bymtheg ac eisoes wedi llwyddo'n ei arholiadau i ymgymryd â gwaith saer coed. Dwy ar bymtheg ydi Cai ac yn ei flwyddyn olaf yng Ngholeg Meirion Dwyfor Pwllheli ac yn gwneud cwrs chwaraeon. Saith oed ydi Guto ac wrth ei fodd yn chwarae pêl-droed a chadw Huw a fi'n brysur. Mae digon o bethau difyr o'i gwmpas yma yn Nghae Ffynnon hefyd, yn cynnwys yr ieir a dwy ferlen. Shetland ydi'r merlod – caseg ac ebol sy'n hynod o ddefnyddiol i bori'r cae. Yn ogystal, mae Smwtyn y gath a Siân yr ast a Celt y ci! Mam sydd piau Siân, ond oherwydd iddi gael codwm dros flwyddyn yn ôl bellach, bu'n rhaid i mi fabwysiadau'r ast. Mae Mam druan yn hiraethu yn ofnadwy ar ei hôl ond gan ei bod yn dod draw acw bob dydd Gwener, mae'r ddwy yn cael gweld ei gilydd! Ci defaid ydi Celt ac mae o yma ers yn gi bach. Ei fam oedd Twm, gast Glyn fy mrawd, a na – tydw i ddim yn drysu, roedd rhaid i Oonagh, merch Glyn gael galw'r ast yn Twm gan ei bod yn hoffi'r enw! Gallwch ddychmygu fod yn rhaid i mi fod yn drefnus iawn rhwng pawb, ond chwarae teg, rhaid i mi roi clod i Huw hefyd. Mae o'n gwneud dipyn o waith yng Nghae Ffynnon er mai fi sy'n gyfrifol am fynd â'r cŵn am dro.

Y diweddar Now, tad Jano yn y Ship, Llanbedrog

Un cwmwl dros fy mywyd y llynedd oedd colli Dad. Roedd wedi colli ei iechyd ers amser ac roedd yn dirywio'n gyflym fel yr âi wythnosau heibio. Bu o, a Mam wrth gwrs, yn gefnogol iawn i fenter Igam Ogam ac yn falch iawn pan agorodd y siop. Byddai'n galw fewn yn wythnosol gyda Mam. Tra byddai hi'n cael gwneud ei gwallt, byddai Dad yn cael paned a sgwrs gyda'r genod a'r cwsmeriaid fel ei gilydd. Fel roedd ei salwch yn gwaethygu, darfu'r tripiau i Gricieth. Anodd iawn oedd derbyn fod Dad bach wedi mynd o fod yn gawr o ddyn i fethu gwneud dim drosto'i hun. Dioddefodd hen salwch hyll a chreulon, ond roedd yn rhaid cario ymlaen i weithio a gwenu ar bawb gan mai dyna fyddai dymuniad Dad.

Y ddwy wraig – Jano ac Anwen (2009)

Y ddau ŵr – mae gan Huw a Dewi drinwyr gwallt gwerth chweil. Maent wedi cadw'r un steil ers blynyddoedd bellach. (2009)

Anwen: Mentro i fyd busnes

Enwi'r siop

Mae sawl un wedi holi o ble daeth yr enw Igam Ogam ar y siop. Wel y person sy'n gyfrifol amdano ydi Nia Plas i'w chydnabod – prifathrawes Ysgol Morfa Nefyn. Tra oedd Jano yn byw yn Awstralia, aeth Bethan Perthi, ei chwaer-yng-nghyfraith a Nia Plas draw yno ar wyliau. Ryw noson tra oedden nhw'n mwynhau cael barbaciw, dyma Nia'n gofyn i Jano fyddai hi'n hoffi cael ei siop ei hun ryw ddiwrnod a beth fyddai'r enw. Aeth yn dipyn o gystadleuaeth rhyngddynt i ddewis yr enw gorau. Sôn am noson ddifyr a llawer iawn o chwerthin yn ôl y sôn! Awgrymwyd llwyth o enwau chwerthinllyd, sobor, addas a gwerth eu hystyried. Yn sydyn dyma Nia'n taro ar Igam Ogam ac yn wir cydiodd yr enw'n syth! Pan wireddwyd y freuddwyd o agor siop, doedd gan Anwen chwaith ddim amheuaeth am y dewis o enw. Felly Igam Ogam oedd hi i fod – a diolch yn fawr, Nia!

Y dyddiau cynnar

Sefydlwyd siop trin gwallt Igam Ogam ym mis Tachwedd 1999 ac ers hynny mae'n busnes wedi mynd o nerth i nerth. Mae wedi golygu gwaith caled a thipyn o gur pen ar brydiau, ond os am lwyddo, mae'n rhaid wynebu bob her yn arbennig felly yn y dyddiau yma o gyni ariannol.

Ond yn ôl i'r dechrau! Er bod gan y ddwy ohonom deuluoedd ifanc i'w magu, roedd y dyhead i fentro ym myd busnes ein hunain yn ardal Llŷn ac Eifionydd, yn un cryf. Yn ffodus, yr oedd Dewi a Huw, ein gwŷr gant y cant y tu cefn i ni ac yn barod i'n cynorthwyo mewn unrhyw ffordd. Roedd angen i'r ddau deulu ddod at ei gilydd i drafod y goblygiadau yn ofalus yn ogystal â gweld yn union faint o arian yr oeddem yn mynd i fedru ei fuddsoddi. Rhaid hefyd dweud

Y busnes yn mynd o nerth i nerth, dim ond naw mis ar ôl agor

fod ein rhieni a'n brodyr a'n chwiorydd yn dymuno'r gorau
i ni ac yn barod iawn i gynnig cymorth a chefnogaeth.

Siopa am siop!

Y cam cyntaf mae'n debyg oedd meddwl am leoliad a
sicrhau siop. Roedd y ddwy ohonom yn gytûn mai tref
Cricieth fyddai'r lleoliad gorau oherwydd ei safle
daearyddol ac roedd yn amlwg fod y cwsmeriaid ar gael
oherwydd y nifer oedd gan Anwen yn barod wrth fynd o dŷ
i dŷ. Erbyn hyn, gwyddom i ni ddewis y lleoliad gorau o
safbwynt y busnesau eraill o'n cwmpas oherwydd mae pawb
mor gefnogol i'r naill a'r llall ac yn barod i estyn llaw. Ar y
pryd roedd amryw o siopau gwag yng Nghricieth ac yn
wreiddiol, buom yn edrych ar y siop drws nesa' sef 'Roots'.
Ond roedd 44 Stryd Fawr, Cricieth hefyd yn ein denu ac
wedi ymweld â hi ar fwy nac un achlysur, penderfynwyd mai
hon fyddai'r lle mwyaf delfrydol i'n salon ni gan y byddai
rywfaint yn haws i'w haddasu. Mae'r siop hon wedi gweld
sawl gweddnewidiad dros y blynyddoedd. Gwyddom iddi

fod yn siop chwaraeon, siop fara, siop sgidia, siop gyfrifiaduron a hi hefyd fu lleoliad siop lyfrau Cymraeg Dora Jones a'r diweddar Wil Sam. Y diweddar Dr Jones o Ynys Môn oedd berchen yr adeilad ac roedd o'n ddyn busnes blaengar. Rhoesom ein syniad o'i flaen a chytunodd gyda ni y gallem lwyddo yn ein menter. Roedd yn barod iawn i roi cyngor i ddwy oedd ar fin cychwyn menter newydd ac fe gytunodd i rentu llawr isaf yr adeilad i ni. Roedd yr olwynion yn dechrau troi!

Bu'n rhaid i'r ddwy ohonom fuddsoddi £1,500 yr un a chawsom fenthyciad o £3,000 gan y banc i brynu dodrefn, stoc, offer trydanol ac yn y blaen. Mae'n ymddangos yn swm gymharol fach erbyn heddiw ond ar y pryd, roedd yn stori wahanol. Bu'n rhaid i ni greu cynllun busnes er mwyn cael benthyciad o'r banc, ond mae o wedi datblygu ohono'i hun wedyn wrth i'r busnes dyfu. Wnaethom ni ddim mynd ati i chwilio am grantiau o gwbl oherwydd er fod grant o £45 yr wythnos ar gael am gyfnod ar y pryd, nid oedd yn ymarferol i ni gan y byddai wedi golygu mynd ar gyrsiau diwrnod ar y tro oedd yn golygu colli diwrnod o waith.

Steilio'r siop

Cawsom afael ar oriad y siop yn weddol fuan a dyna fynd ati i'w hailwampio at ein dibenion ni. Un ystafell oedd hi ond fod math o bared yn ei gwahanu'n ddwy ac felly'r cam cyntaf oedd cael gwared ar hwnnw. Mae'r diolch yma i'n gwŷr gan mai sgiliau Huw a Dewi roddwyd ar waith. Yn wir, onibai amdanyn nhw, ni fyddai ein breuddwyd wedi'i gwireddu mor sydyn. Penderfynom y byddem angen chwe safle, neu stesion waith oedd yn cynnwys cadeiriau a drychau a dau sinc. Ar y pryd, nid oeddem yn gwybod faint o gwsmeriaid fyddai'n dod i mewn na faint o staff fyddem eu hangen. Ein bwriad oedd creu siop gartrefol, Gymreig ei naws, un fyddai'n apelio i gwsmeriaid o bob oed a rhyw.

Cawsom gryn hwyl tra oeddem yn paentio a byddem yn mynd adra ambell noson yn sdrempia o baent! Lliw ffasiynol y cyfnod oedd melyngoch, neu terracotta, ac fe ddewiswyd gwyrdd ysgafn yma a thraw i gyd-weddu. Dwy wniadwraig leol, y fam a'r ferch ddawnus Edwen Rogers a'i merch Mari o Bencaenewydd (cwmni llwyddiannus Grasi erbyn hyn), wnaeth y cyrtans a'r clustogau i ni. Chwe wythnos gymerodd hi i gael y lle'n barod gan ein bod eisiau agor cyn gynted â phosibl. Roedd y cyfan yn digwydd yn sydyn iawn yn achos Jano. Dychwelodd adref o Awstralia yn gynnar yn y flwyddyn ac erbyn mis Tachwedd, roedd drysau'r siop ar agor!

Wrth gwrs roeddem wedi ystyried y posibilrwydd y gallai'r busnes fod yn fethiant ac y byddai'n teuluoedd yn dioddef. Roedd y plant yn fach, ond gan fod y ddwy ohonom yn siarad a thrafod, roedd pob cwmwl yn codi'n araf rywsut. Ond wedyn mae elfen o risg ym mhob menter ac heb drio, ŵyr neb beth all ddigwydd.

Yr agoriad a rhoi cychwyn ar fusnes

Ar nos Sadwrn yn niwedd Hydref 1999, cawsom noson agoriadol yn y siop gyda'r gobaith o ddenu cwsmeriaid. Roedd y ddwy ohonom yn ddigon nerfus drwy'r dydd a rhyw gnoi annifyr yn ein stumogau. Y bwriad ar y noson oedd amlinellu beth yn union fyddem yn ei gynnig i gwsmeriaid ac i bobl gael gweld tu fewn y siop a'r uchafbwynt oedd agor y llyfr apwyntiadau am y tro cyntaf! Roedd gennym wydraid o win a mân fwydydd ar gael hefyd i groesawu'n darpar gwsmeriaid. Yn ffodus, galwodd criw cefnogol iawn o bobl heibio ac aethom adref y noson honno yn llawn brwdfrydedd ac yn ysu am gael cychwyn arni!

Cyrhaeddodd 16eg Tachwedd, 1999 – diwrnod yr agoriad swyddogol. Bellach doedd dim troi'n ôl. Gweithiodd y ddwy ohonom yn galed iawn am y chwe mis

cyntaf er mwyn rhoi dechreuad cadarn a solet i'r busnes.
Wnaethom ni ddim cymryd yr un diwrnod i ffwrdd hyd nes
i ni weld fod y modd gennym i gyflogi person arall atom!

Cyflogi staff

Stephanie Ellingham, sydd bellach wedi symud o'r ardal,
ddaeth atom i weithio i ddechrau ac wrth i bethau brysuro,
bu'n rhaid cyflogi mwy. O ganlyniad i hyn, medrem gael
diwrnod yr wythnos i ffwrdd a chael ein gwynt atom! Gyda
gwaith caled, datblygodd Igam Ogam o fusnes bach i fusnes
digon llewyrchus i gynnal naw o staff, yn cynnwys ni'n dwy
erbyn hyn. Mae pob un o'n staff yn gweithio'n rhan amser. Y
rheswm am hyn yw ei fod yn siwtio'r merched sydd yn magu
plant ac mae'n rhoi mwy o hyblygrwydd i ni os y bydd
rhywun yn methu dod i mewn oherwydd salwch neu ryw
alwadau eraill. Daeth Ann a Donna yma i weithio oherwydd
eu bod wedi cyd-weithio â ni yn ystod cyfnod Ceri a Morus.

O safbwynt y cyflogi, wnaethom ni ddim llawer o
hysbysebu fel y cyfryw. Y rheswm am hyn yw ein bod yn
hoffi hyfforddi ein staff ein hunain drwy gyd-weithrediad â
cholegau Menai a Meirion Dwyfor. Byddwn yn eu derbyn
am gyfnodau penodol ac oherwydd fod gan y coleg gynifer
ar eu dwylo, teimlwn bod y myfyrwyr yn dod yn eu blaenau
yn gynt yma oherwydd eu bod yn cael mwy o sylw personol
a phrofiadau ymarferol. Yn ogystal, maent yn dod i arfer â'n
dulliau ni o weithio. Ydi, mae gorfod llenwi ffurflenni
amdanynt a gweld eu llyfrau gwaith yn waith ychwanegol i
ni'n dwy, ond mae'n arbed i'r rhai dan hyfforddiant fynd yn
ôl ac ymlaen i'r coleg yn ddyddiol. Mae'n bwysig ein bod
ni'n eu hyfforddi i'r safon uchaf er mwyn sicrhau y gorau i'n
cwsmeriaid.

Erbyn hyn, mae'n staff i gyd – heblaw Ann o
Borthmadog, Donna o Gricieth ac Amanda o Gaernarfon –
wedi'u hyfforddi gennym ni. Y lleill ydi Gwenan o'r Ffôr yn

wreiddiol, Emma o Benrhyndeudraeth a Llinos o Gricieth. Y ddiweddaraf i ymuno ydi Elin o Nefyn. Mae'n diolch yma hefyd i'r genod sydd wedi gadael Igam Ogam i fagu plant sef Bethan o Lanaelhaearn, Elen Dolwgan, Paula hefyd o Lanaelhaearn, Carwen o Borthmadog, Stephanie o Gricieth. Yn ogystal, gadawodd dwy i sefydlu eu salon eu hunain ym Mhorthmadog, sef Alison a Cleo.

Rydym fel salon yn falch o allu cynnig gwahanol agweddau o drin gwallt gyda phob aelod o staff â'i arbenigedd, nid bod hyn yn golygu nad ydynt yn gymwys i wneud dim arall! Mae Ann ac Amanda er enghraifft yn arbenigo mewn pyrmio a setio, Emma a Gwenan yn arbenigo ar dorri a lliwio tra bod Llinos ac Elin yn ymwneud â'r steiliau diweddaraf o dorri gwalltiau dynion. Fel yma, gallwn gynnig gwasanaeth amrywiol i siwtio pawb gobeithio!

Rydym bob amser yn barod ac yn awyddus i gynorthwyo priodferch ar ei 'diwrnod mawr'. Pedair ohonom fel arfer fydd yn ymwneud â'r gwaith hwn sef Emma, Gwenan a ni'n dwy. Bydd y siop yn agor am saith y bore ar gyfer y briodferch a'i morynion er mwyn cael digon o amser i sicrhau yr edrychiad perffaith.

Cadw'r siswrn yn siarp!

Waeth pa faes yr ydych yn gweithio ynddo, boed yn y sector breifat neu gyhoeddus, mae'n hanfodol bwysig cadw staff yn hapus. Wedi'r cyfan, y nhw sy'n sicrhau ffyniant busnes oherwydd eu bod yn mwynhau eu gwaith mewn gweithle ac awyrgylch braf. Er mai ni'n dwy ydi dau 'fos' y busnes, os hoffech ein galw'n hynny, teimlwn nad oes unrhyw wahaniaeth rhyngom ein dwy a'r genod sy'n gweithio i ni ar lawr y siop. Gwell gennym gael ein hystyried yn ffrindiau i'n staff a bod yn glust i wrando pan gyfyd ryw broblem. Gall y ddwy ohonom ddweud na fyddwn byth yn teimlo'n

mm

Rhes gefn: Cheryl, Ann, Donna, Alaw a Carrog; Rhes flaen: Jano ac Anwen.
Yn y Ship, Llanbedrog wedi cael cinio. (2007)

ddiamynedd wrth godi i fynd am Gricieth, hyd yn oed ar y diwrnod oeraf a thywyllaf yng nghanol gaea'! Fedrwch chi ddychmygu mynd i'r gweithle bob diwrnod yn gwybod fod yno ryw fwbach yn rhythu arnoch chi a phawb ar flaenau'i draed yn ceisio'i osgoi? Dim diolch! Yr hyn sy'n bwysig ydi ein bod yn gweithio fel tîm a phawb yn gwneud ei ran fel bod y tîm yn gweithio i'w lawn botensial. Sicrhau fod pawb yn hapus wrth fynd o gwmpas ei ddyletswyddau sy'n bwysig. Rydym fel un teulu mawr yn cynorthwyo a helpu'r naill a'r llall. Cawn gyfle i siarad a sgwrsio drwy'n gilydd yn ystod diwrnod gwaith a rhannu'r llon a'r lleddf ym mywydau ein gilydd. Cyd-weithwyr ydan ni a hoffem feddwl fod y genod yn ein hystyried fel dwy ffrind iddynt. Manteisiwn ar bob cyfle i ganmol lle bo'n briodol a rhoi cyngor adeiladol lle bo gofyn am hynny, yn hytrach na bod yn feirniadol. I siarad yn ffigurol, rhoi siocled melys i'n genod ydan ni'n geisio'i wneud ac nid lemon chwerw!

Un teulu mawr ydi Igam Ogam a hwnnw'n deulu hapus, cytûn. Yr Americanwr, Alfred A. Montapert ddywedodd mai '*All lasting business is built on friendship*' a dyna ydi un o'n delfrydau yma. Mae'r ffaith bod ein staff yn aros gyda ni gyhyd yn dangos eu bod yn fodlon eu byd. Fel gwerthfawrogiad o'u gwasanaeth byddwn yn talu am ein parti Nadolig yn ogystal â rhoi bonws yn eu pecyn cyflog. Yn ystod yr haf, byddwn yn eu gwahodd ynghyd â'u partneriaid a'u plant, i farbaciw mawr ym Mhencaenewydd. Cawn ddigonedd o sbort yng nghwmni ein gilydd, coeliwch ni!

Efallai eich bod wedi synhwyro nad oes sôn fod yma ddyn wedi bod ar y staff! Wel, nid yw hyn yn fwriadol. Yn y gorffennol, pan oeddem yn hysbysebu am staff, merched yn unig oedd wedi ymgeisio. Nid oes gennym wrthwynebiad o gwbl i gyflogi dynion. Pan ydych yn ystyried y peth, dynion ydi'r rhai mwyaf llewyrchus ym myd trin gwallt. Meddyliwch am ddynion fel Vidal Sassoon, John Frieda a'u

Margaret, Morus a Jano, ar ôl bod am swper yn Tir a Môr, Cricieth

tebyg – heb sôn am Morus ein harwr!

Mae gan amryw o siopau trin gwallt eu 'iwnifform' neu wisg swyddogol. Rydym wedi arbrofi yma yn Igam Ogam hefyd. Ar un cyfnod, roedd pawb yn gwisgo tiwnig du ond yn anffodus roedd y defnydd yn adweithio ar groen un neu ddwy ac yn achosi ryw gosfa annifyr! Dro arall, cafwyd crysau gyda choleri oedd braidd yn rhy uchel ac yn gwasgu gormod ar y gwddw. Wedyn dyma gael blowsus o ddefnydd ysgafn, ond yn anffodus roedd tueddiad ynddo i rwygo ac ambell un ddim yn ddeheuig iawn gydag edau a nodwydd! Erbyn hyn, y cytundeb cyffredinol ydi bod pawb yn gwisgo rhywbeth du a gwyn o'i ddewis ei hun cyn belled a'i fod yn smart ac ymarferol.

Braf ydi medru dweud hefyd fod staff Igam Ogam a Ceri a Morus yn dal i gadw cysylltiad â'i gilydd. Un enghraifft ddiweddar yw pan ddaethom at ein gilydd i ddathlu pen-blwydd Ann yn hanner cant. Roedd Ann yn gwybod fod gennym gynlluniau i ddathlu, ond doedd ganddi ddim syniad beth oedd i ddod! Roeddem wedi dweud wrthi y byddem yn treulio noson yn rhywle a dyna lle'r oedd hi yn

Y gwaith adfer ac ail-wneud yn Igam Ogam yn 2006

dyfalu pob math o bethau – Taith i gopa'r Wyddfa? Noson ym Metws-y-coed? Sesiwn Paint Ball? ac ati ac ati! Pan wawriodd Ionawr 26ain eleni dyma gau'r siop am y diwrnod ac i 'nôl Ann. Credai erbyn hyn ein bod yn mynd i'r Iwerddon ac roedd wedi cymryd dwy dabled i'w rhwystro rhag mynd yn sâl môr! Dyma ddechrau dreifio rownd a rownd lonydd Llŷn ac Eifionydd ac yn y diwedd cyrraedd bwthyn gwyliau Llys Mawr, Y Ffôr. 'Fflipin hec,' medda Ann, 'lle ydan ni? O'n i'n meddwl mod i'n mynd i Werddon!' Sôn am hwyl gawsom pan agorodd y drws a gweddill ei chyd-weithwyr a chyn-weithwyr o siop Ceri a Morus yn aros amdani. Trefnodd Bethan Perthi, Anwen a finna helfa drysor ar droed rownd Rhosfawr a'r Ffôr wedyn a chyrraedd yn ôl at ginio i gaffi Tyddyn Sachau. Cawsom sgram o ginio ac roedd Eleri ac Ann, perchnogion y caffi, wedi gwneud cacen fawr i Ann ac i Donna hefyd fydd yn ddeugain ym mis Mawrth. Gyda'r nos, llogwyd bws mini i fynd â ni gyd i'r 'Chinese' ym Mhwllheli. Pwy oedd yno'n ei disgwyl ond Margaret neu Ma o lle Morus! Do, cafwyd noson hwyliog iawn o chwerthin a hel atgofion a phawb yn troi'n ôl am Llys Mawr wedi cael llond bol o fwyd a sbort.

Ailwampio
Chwe mlynedd yn ôl aed at i ailwampio'r siop a buom ar gau am bythefnos yn ystod y cyfnod hwn. Un rheswm am hyn oedd y ffaith fod deiliad y fflat uwchben ar y pryd, wedi gosod cawod newydd ond yn anffodus roedd problem gyda'r gwaith plymio ac yn ystod y nos roedd dŵr wedi llifo lawr i'r siop. Am lanast! Unwaith yn rhagor aethom at y banc i ofyn am fenthyciad o £15,000 gyda'r bwriad o drawsnewid y siop yn eitha' sylweddol. Y tro hwn, cafwyd cwmni proffesiynol Knights i gynllunio a dodrefnu a hwy fu'n gyfrifol am osod yr orsaf waith ychwanegol yng nghanol y stafell yr ydym ni wedi ei bedyddio'n 'Polo mint' oherwydd

bod y nenfwd uwch ei phen yn debyg i'r fferan enwog! Aed ati i ailbaentio a dewiswyd lliw gwyn y tro hwn ar wahân i wyrdd ysgafn iawn y tu ôl i'r ddau sinc. Penderfynwyd nad oedd angen y llenni ar y ffenestri bellach er mwyn gadael i ddigon o olau naturiol lifo fewn fel bod rhywun yn gweld yn well wrth dorri gwallt a hefyd lliwio'r gwallt. Defnyddiwyd cwmnïau lleol fel Huws Gray a Jewson gan eu bod yn Gymry ac ar garreg y drws ac mae'n llawer haws trafod a newid pethau os oes angen – a medru bargeinio hyd yn oed! Cyn ailagor wedyn, cawsom noson agoriadol arall i'n cwsmeriaid hen a newydd gael gweld y gweddnewidiad.

Pan gyrhaeddwyd carreg filltir y deg oed, cawsom ddiwrnod ychydig bach yn wahanol yn ystod y dydd. Cafodd ein cwsmeriaid ar y diwrnod wydriad bach o win neu ddiod feddal a helpu eu hunain i fwffe bach.

Datblygwyr eiddo

Yn siŵr i chi mae sawl datblygwr eiddo yma yng Ngwynedd ond tybed ydach chi wedi clywed am Hughes a Jones? Wel, ni ydyn nhw coeliwch neu beidio! Bedair mlynedd yn ôl, prynodd busnes Igam Ogam eiddo ym mhentref y Ffôr i'w adnewyddu ond unwaith cafwyd trefn arno, ni fuom fawr o dro'n cael tenantiaid.

Gwnaethom fuddsoddiad pellach dair mlynedd yn ôl pan aeth yr adeilad lle mae Igam Ogam i gyd ar werth. Mae'n adeilad sylweddol gan fod iddo bum fflat yn ogystal â'r siop a'r seler. Mae'r fflatiau i gyd yn llawn ac rydym yn y broses o'u hadnewyddu fel y daw cyfle. Y gweddnewidiad diweddaraf oedd yn ystod haf 2012 pryd aethpwyd ati i baentio tu allan yr adeilad i gyd. Gan ei fod yn waith sylweddol rhoddwyd y gwaith i beintiwr lleol, sef Idris Jones o Forfa Bychan.

Mae'r ffaith fod yr adeilad i gyd gennym bellach yn rhoi sicrwydd i ni fel busnes ac wrth gwrs fe ddylai ddod ag incwm ychwanegol i ni pan fydd yn dechrau talu'i ffordd. Mae o hefyd wrth gwrs yn fuddsoddiad at y dyfodol i'n teuluoedd.

Y bobl bwysig – y cwsmeriaid

Daw ein cwsmeriaid bellach o bell ac agos – Caer, Dolgellau, Môn, Aberdaron, Llanuwchllyn, Blaenau Ffestiniog, Caernarfon, Pwllheli a'r cyffiniau, yn ogystal ag ymwelwyr sy'n berchen ar garafanau statig yn ardal Cricieth a rhai sy'n galw fewn ar hap. Mae gennym gwsmeriaid ffyddlon iawn a rhai megis Mrs Catherine Hilton o Bwllheli, Mrs George o Gricieth a Mrs Elisabeth Jones, Ynys Goch gynt, sydd hefo ni o'r cychwyn cyntaf. Pan agorwyd Igam Ogam, nid oeddem yn gwybod fyddai pobl yn dychwelyd atom ar ôl cyfnod Ceri a Morus, mynd o dŷ i dŷ a'r ffaith fod Jano wedi bod yn Awstralia, ond wir mae pobl wedi bod yn gefnogol iawn i ni. Gobeithiwn ein bod yn medru cadw ein cwsmeriaid drwy eu plesio a bod yn glên a wyneb-lawen. Mae'n bwysig dod i adnabod ein cwsmeriaid newydd ac mae cael ymgynghoriad byr â hwy yn gymorth i adnabod eu anghenion.

Y cwsmer delfrydol mae'n debyg ydi'r un sy'n dychwelyd yn rheolaidd a'r rhai sy'n hawdd eu plesio. Mae gennym rai sy'n hoffi newid eu steil yn gyson ac mae hyn yn braf i ni hefyd gan ein bod yn gallu arbrofi arnynt gyda lliw gwahanol, er enghraifft. Nid ydym yn fwriadol fynd ati i ddenu cwsmeriaid newydd oherwydd yn aml mae gair ar lafar wedi gweithio ac mae ein llyfr apwyntiadau wastad yn llawn prun bynnag. Weithiau byddwn yn hysbysebu ryw gynigion arbennig ac yn achlysurol rydym wedi bod o amgylch cymdeithasau yn sôn am ein gwaith. Cawsom noson ar y cyd unwaith gyda Theatr Ardudwy i godi arian tuag at Dŷ Gobaith a daeth y staff i gyd hefo ni i gynnal sioe trin gwallt. Os byddwn angen hysbysebu o bryd i'w gilydd, yna byddwn yn gwneud hynny drwy gyfrwng y wasg leol a phapur bro *Y Ffynnon*. Yn groes i fusnesau eraill efallai, nid yw defnyddio'r dechnoleg ddiweddaraf megis creu gwefan, Trydaru neu Weplyfr yn apelio dim atom! Nid oes gennym y sgiliau, na'r amser na'r amynedd chwaith o ran hynny, i ymwneud â hwy!

Mae pethau'n gallu mynd o'i le yn ein maes ni a phan mae gan gwsmer broblem neu gŵyn, gwnawn bopeth yn ein gallu i dawelu'r dyfroedd, fel tae. Weithiau efallai nad yw lliw gwallt wedi cymryd yn iawn neu fod cwsmer ddim yn hapus â'i steil newydd. Mewn achosion fel hyn, mae'n hanfodol bod y cwsmer yn dychwelyd atom er mwyn ail-wneud gwallt. Mae'r dywediad 'mai'r cwsmer sydd bob amser yn gywir' yr un mor wir yn ein byd ni hefyd!

Does dim byd gwaeth na chwsmer ffyslyd chwaith sy'n mynnu cael ryw steil arbennig y gwyddoch yn iawn na fydd yn ei siwtio. Pan wêl y cwsmer mai felly mae hi wedi iddo gael ei ffordd, y ni wrth gwrs sy'n cael y bai. Mae'n anodd dal eich tafod weithiau ond rhaid trio darbwyllo cwsmeriaid fel hyn y byddai ryw steil neu liw arall yn well. Plesio'r cwsmer ydi ein gwaith ni ac rydym eisiau ei weld yn gadael y siop yn hapus ac yn bwysicach fyth, yn dychwelyd atom.

Mae'r siop ar agor chwe niwrnod yr wythnos o naw y bore hyd bump yr hwyr. Ar ddydd Iau, rydym ar agor tan saith yr hwyr er mwyn i gwsmeriaid sy'n gweithio tan bump bob dydd, gael cyfle i ddod yma. Cawn gyfnodau prysurach na'r arfer fel y gallwch ddychmygu yn enwedig yr wythnosau o flaen y Nadolig ac yn ystod misoedd yr haf.

Stydio'r Steiliau

Wrth gwrs, mae'n hanfodol bwysig fod pob cynllunydd gwallt yn medru creu beth mae'r unigolyn ei eisiau os yw'n mynd i weddu iddo. Os ydi rhywun yn gofyn am steil arbennig, yna mae'n rhaid i ni fod yn medru creu y steil hwnnw. Dyma lle mae ymweliadau i sioeau trin gwallt yn bwysig i'r ddwy ohonom ac i'n staff. Yn anffodus, nid yw'n hawdd ymweld â'r sioeau hyn gan eu bod yn dueddol o gael eu cynnal yn nhrefi a dinasoedd mawr Lloegr. I ddweud y gwir, hoffem gael mynd i fwy o sioeau ac ar gyrsiau pe baent yn nes atom. Trefnwyd sioe yn Lerpwl, sydd ychydig nes adra beth amser yn ôl ac ar y pryd, roeddwn i, Anwen, yn gwirioni ar steiliau Trevor Sorbie, oedd yn arddangos ei steiliau gwallt diweddaraf yno. Torrodd wallt un hogan yn fendigedig ac edrychai'n wych, ond wir i chi, pan aeth Jano a finnau lawr fore drannoeth a'i gweld wrth y bwrdd brecwast, edrychai fel petai ei gwallt wedi ei gnoi gan ryw gi gwyllt o'r coed! Na, doedd gen i fawr i'w ddweud am Trevor Sorbie ar ôl hynny. Mae pori drwy gylchgronau trin gwallt yn cynnig llawer o syniadau ac ysbrydoliaeth ychwanegol i ni yn ogystal.

Prynu anghenion trin gwallt

Yn Igam Ogam, byddwn yn defnyddio stoc cwmni L'Oréal ac o dro i dro byddant hwy yn cynnal nosweithiau mewn gwestai ychydig bach nes adref gan ddod a'u cynllunwyr gwalltiau eu hunain i roi arddangosfeydd. Bob ryw dri neu bedwar mis daw cynrychiolwyr o'r cwmni yma atom ni. Yr adeg honno, byddwn yn cau'r siop am y diwrnod weithiau er mwyn ymdrin â'u cynhyrchion diweddaraf megis lliw neu ryw ddeunydd arbenigol. Gan gwmni cyfanwerthu Aston and Fincher o Gaer y byddwn yn cael yr anghenion trin gwallt wedyn gan eu bod yn cadw stoc enfawr o gynhyrchion gwahanol gwmnïau. Maent yn brydlon iawn yn danfon eu stoc sy'n hanfodol bwysig i ni barhau â'n gwaith o ddydd i ddydd.

Mae pob darn o offer yn cael ei ddefnyddio'n ddyddiol yma ac felly mae gofyn eu hadnewyddu'n gyson. Fel arfer bydd sisyrnau'n para ryw ddwy flynedd i'r genod. Mae ein sisyrnau ni'n dwy ychydig yn wahanol ac yn costio oddeutu £200 yr un. Rhyw flwyddyn ydi oes sychwr gwallt a bydd brwsys a chribau'n cael eu hadnewyddu'n ôl y galw. Du ydi lliw ein tywelion a'r rheini'n rai arbennig gwrth-staen fel nad ydi deunyddiau llifo gwallt yn eu difetha. Ond mae angen eu newid hwythau wedyn bob hanner blwyddyn. Nid oes lle allan yn y cefn i roi lein ddillad i sychu tywelion felly mae peiriant golchi a sychwr yn y seler a'r rheini ar waith yn ddyddiol, sydd yn ychwanegu at ein costau cyffredinol.

Treialon yr yrfa!!

Nid yw diwrnod gwaith bob tro'n mynd fel ag y dylai! Gall pethau fynd o chwith coeliwch ni. Cyfeiriwyd eisoes at y dŵr a lifodd lawr o'r fflat uwchben y siop, ond mae digwyddiadau eraill. Yn ystod un diwrnod prysur, digwyddodd rhywbeth yn ddirybudd i'r cyflenwad dŵr i'n siop ni lawr hyd at siop Bargain Booze. Doedd dim dafn yn dod drwy'r tapiau a'r siop yn llawn merched yn cael 'perms' a lliwio eu gwalltiau! Wel, sôn am banig. Beth ar y ddaear oeddem ni am ei wneud? Daeth Dei a Glyn o'r siop ffrwythau'n uwch i fyny'r stryd i'n helpu, a dyna lle'r oedden ni'n cario bwcedeidiau o ddŵr! Yn anffodus i'n cwsmeriaid, dŵr oer oedd o! Ond beth arall fedren ni fod wedi ei wneud o dan yr amgylchiadau. Diolch byth, gwelodd pawb yr ochr ddigri a chlywson ni ddim sôn fod neb wedi cael annwyd ar ôl trochfa oer! Dychwelodd y cyflenwad dŵr ymhen dwy awr a dyna'r 'creisys', chwedl Wali Tomos, heibio!

Dro arall, cawsom drafferth gyda'r cyflenwad trydan. Nid oedd dafn o ddŵr cynnes i olchi gwalltiau ac wrth gwrs, fedrwch chi ddim gadael sylwedd sy'n lliwio neu bermio gwallt ar y pen am gyfnod hwy na'r hyn argymhellir! Unwaith yn rhagor, daeth un o siopau Cricieth i'r adwy gan fod yno drydan! Dyna lle'r oedd ein cwsmeriaid ni'n mynd fesul un dros y lôn i siop yr Eifion i gael golchi eu pennau mewn sinc bach!

Traed blin!

Mae gweithio mewn salon trin gwallt yn medru bod yn waith caled iawn. Rhaid i chi fod ar eich traed drwy'r dydd fwy neu lai ac mae'n gallu bod yn dreth ar y coesau weithiau. Dyma lle mae cael pâr cyfforddus o sgidia'n help mawr. Ond hyd yn oed wedyn awn adref ambell ddiwrnod gyda thraed blinderog iawn ac yn ysu am gael eistedd gyda phaned dda neu hyd yn oed wydraid o win wedi ambell ddiwrnod caletach na'r arfer.

Rhywbeth arall negyddol sy'n gallu codi ben hefyd ydi cyrraedd y gwaith weithiau hefo pethau personol neu deuluol ar y meddwl, ond yn dal i orfod gwenu'n ddel fel pe na bai dim o'i le. Rhaid ymddangos yn glên a hapus bob tro hyd yn oed os ydych yn teimlo'n flinedig ac yn gorfod cario beichiau'r byd ar gyfnodau. Rhaid hefyd roi clust i gwsmeriaid a'i gadw'n gyfrinach. Ond mae cael cwsmeriaid sy'n ymddiried ynoch chi'n beth mawr iawn yn ein golwg. Yr ydych chi'n amlwg yn bwysig iddynt ac mae'r ffaith eich bod yn barod i wrando ac efallai gynnig gair o gymorth neu gydymdeimlad yn bwysig.

Yn ein busnes ni hefyd rhaid cofio fod colli diwrnod gwaith oherwydd salwch yn golygu colli diwrnod o gyflog. Os ydi rhywun yn sâl ac mae hynny'n cynnwys ni'n dwy, wel does dim amdani ond llusgo i mewn a gwneud y gorau ohoni a hynny efo gwên ar yr wyneb a thrwyn coch os mai annwyd sydd gennych! Dydi merched trin gwallt ychwaith ddim yn medru cymryd absenoldeb mamolaeth hir. Pan fo'r plant yn fân, mae angen bod yn drefnus iawn wrth ddychwelyd i'r gwaith er mwyn sicrhau gwarchodwyr ac yn y blaen. Mae'r ffaith mai gweithio'n rhan-amser y mae pawb yn Igam Ogam yn fantais yn hyn o beth.

Fel dwy fam, mae'n naturiol ein bod yn teimlo ryw

euogrwydd weithiau nad ydym yna i'r plant bob awr o'r dydd. Cyfyd hyn ei ben ran amlaf yn ystod gwyliau ysgol. Byddwn yn trio cymryd wythnos o wyliau teuluol a bu'r ddau deulu ar wyliau gyda'i gilydd i Dwrci yn mis Awst 2010 gan wybod fod Igam Ogam yn ddiogel yn nwylo'n staff. Hefyd, rydym yn fwriadol fynd ati i roi sylw ychwanegol i'r plant unwaith mae'r siop wedi cau am y diwrnod. Ydyn mae'r plant – ar wahân i Guto – yn eu harddegau erbyn hyn, ond hyd yn oed wedyn, mae'n bwysig gwneud yn siŵr eu bod yn cael y sylw haeddiannol.

TAW'n rhoi taw ar sgwrs!

Dwy sy'n hoffi cydio mewn brws a chrib yn hytrach na chydio mewn pensal ydan ni, ond o bryd i'w gilydd, mae gofyn delio â ffigyrau a chadw trefn ar yr ochr ariannol i bethau! Jano sy'n gyfrifol am y talu cyflogau. Mae cyflogau pawb yn amrywio o wythnos i wythnos. Ar wahân i gyflog penodol, gweithio ar gomisiwn i ni mae'n staff, felly po fwyaf o gwsmeriaid sydd ganddynt mewn wythnos, cant dâl ychwanegol amdanynt. Byddwn ein dwy yn cymryd ein tro i dalu'r biliau. Mae gorfod cadw cofnod o bopeth yn enwedig hefo TAW, yn medru bod yn andros o gur pen weithiau, ond unwaith byddwn yn eu trosglwyddo i Gwmni Cyfrifwyr Owain Bebb ym Mhwllheli, gwyddom y byddwn mewn dwylo diogel! Yn achlysurol, cawn gyfarfod busnes gyda'n gwŷr er mwyn gweld beth fydd y gwelliannau nesaf i'r fflatiau ac yn y blaen.

Bonws y busnes

Mae'r 'nhw' bondigrybwyll yn dweud na ddylech fynd i fusnes hefo ffrind. Yn ein hachos ni fodd bynnag, mae wedi bod o fantais aruthrol. O ran cymeriadau, rydan ni'n eitha' gwahanol ac o'r herwydd yn gallu cyd-dynnu'n well, mae'n debyg. Os ydi un yn gweld anfantais rhywbeth, yna mae'r

llall yn gallu gweld y fantais ac wedyn yn trafod y ffordd orau
o fynd o'i chwmpas hi. Os ydi pen un yn dueddol o fod yn y
gwynt, mae traed y llall ar y ddaear! Nid ydym erioed wedi
cael gair croes ac rydym ddigon agos i fedru dweud unrhyw
beth wrth y naill a'r llall.

Un o'r pethau mae Igam Ogam wed'i wneud i'r ddwy
ohonom yw magu hyder. Mae medru gwireddu'r freuddwyd
o redeg ein busnes ein hunan wedi rhoi andros o hwb i ni.
Gall y ddwy ohonom ddweud mai prynu'r siop oedd un o'r
pethau gorau sydd wedi digwydd i ni. Rydym yn cael llawer
o hwyl ac wedi gwneud ffrindiau da iawn gyda gweddill ein
staff. Mae'r ddwy ohonom yn falch iawn ein bod wedi ac yn
dal i hyfforddi llawer o enethod i drin gwallt ar y cyd â
cholegau Menai a Meirion Dwyfor. Mae'n rhoi boddhad
mawr i ni o weld y genethod hyn yn datblygu ac yn dysgu
sgiliau perthnasol yn union fel ag y gwnaeth pobl fel Ginette,
Ceri a Morus i ni.

Rydym wedi dod i adnabod llawer o bobl drwy gyfrwng
ein gwaith a siarad hefo hwn a'r llall am bopeth dan haul.
Cewch bleser mawr o wneud i bobl deimlo'n well ar ôl cael
'hair do'a chlywed eu hanesion. Mae'n well byth eu gweld yn
dod yn ôl ac mae'n profi
bod chi'n gwneud eich
gwaith yn iawn.

I unrhyw un sy'n
ystyried trin gwallt fel
gyrfa, fe fyddem yn ei
chynghori hi, neu fo wrth
gwrs, y dylai gael profiad
gwaith mewn siop trin
gwaith i gychwyn er
mwyn gweld a dysgu
ychydig am y swydd cyn
mynd i'r coleg. Mae trin

Jano ac Anwen yn ymlacio ar eu gwyliau yn Nhwrci (2010)

gwallt yn yrfa foddhaus iawn ond yn waith caled. Pe bai rhywun yn gofyn i ni heddiw am air o gyngor ynglŷn â sefydlu busnes ei hun, wel mynd amdani fydden ni'n ei ddweud! O wybod a gweld beth yr ydym ni'n dwy wedi ei gyflawni yn ystod y pedair mlynedd a'r ddeg ddiwethaf, mae pob diwrnod wedi bod yn werth yr ymdrech a'r llafur. Dydych chi ddim yn gwybod beth ddaw heb roi cynnig arni ac fyddai ddim byd gwaeth na difaru eich bod heb fentro arni!

Y ddau deulu ar eu gwyliau yn Nhwrci (2010)

Anwen: Tu hwnt i oriau gwaith

Person y bore ydw i a phan mae gwaith tŷ yn galw – wel, bore amdani ac ymlacio gyda'r nos. Rydw i'n cerdded milltiroedd mewn wythnos gyda Mot y ci a gan fod Jano'n byw o fewn tafliad carreg i mi erbyn hyn, rydym yn cyd-gerdded bob diwrnod. Bydd Siân a Celt, cŵn Jano'n gwmni i ni hefyd. Yr unig nosweithiau na fyddwn yn cerdded ydi ar nos Iau, gan fod y siop ar agor yn hwyr. Traed i fyny fydd hi ar nos Sadwrn neu fynd allan. Rwyf hefyd yn aelod o Ganolfan Hamdden Pwllheli ac yn mynd yno o leiaf deirgwaith yr wythnos. Cyn heddiw, rydw i wedi bod yn gwneud dipyn o redeg hefyd ac wedi cymryd rhan yn y ras bum cilomedr Ras am Fywyd ar y Foryd yng Nghaernarfon er budd ymchwil Cancr y Fron. Mae cadw'n heini yn bwysig iawn i mi nid yn unig oherwydd ei fod yn cadw'r corff yn ystwyth, ond hefyd er mwyn i mi gael mwynhau fy mwyd a nglasiad o win achlysurol heb deimlo'n euog!

Ffordd arall o ymlacio i mi ydi mynd yn y garafan yma ac acw yn ystod yr haf. Dydi Dewi ddim yn cyd-rannu'r diddordeb yma, felly does dim amdani ond mynd fy hun. Dydi tynnu carafan yn poeni dim arna i – wedi hen arfer dreifio tractor a threlar ar y ffarm ers talwm mae'n debyg! Mae amryw o fy ffrindiau erbyn hyn yn berchen carafan ac yn rhyfedd iawn, dydi gwŷr yr un ohonom yn hoffi carafanio, felly mae'r gwragedd i gyd wedi dysgu tynnu carafan a chael mynd am ambell benwythnos i safle carafan Dwyros yn Aberdaron neu i Sarn Bach a gadael y dynion adref! Mae rhywun yn ymlacio'n braf yn eistedd yn un criw hwyliog y tu allan i un garafan gyda photel o win neu jwg o Pimms. Dim ond un peth sydd ar goll a'r haul ydi hwnnw! Erbyn hyn mae Jano wedi cael carafan ac am y tro cyntaf y llynedd fe fentrodd efo ni i Sioe Llanelwedd. Dyna chi olygfa – confoi o wragedd yn dal y traffig yn ôl!

Ydw wir, rydw i'n ystyried fy hun yn lwcus iawn. Teimlaf mod i wedi cael gwireddu fy mreuddwydion ac rwyf yn fodlon iawn fy myd. Fedrwn i ddim fod wedi gofyn am well.

Anwen a Jano yn Wakestock, a ddim yn gadael i'r mwd amharu ar eu hwyl (2009)

Tomos, Guto a Cai (2010)

Jano: Tu allan i ddrws y siop

Peth ofnadwy yn fy ngolwg i ydi pan mae gwaith a gorffwys wedi mynd yn un. Er cymaint rydw i'n mwynhau fy ngwaith, mae'n bwysig fod rhywun yn gallu gwneud rhywbeth hollol wahanol hefyd. Mae amser hamdden yn gyfle i rywun gael ei wynt ato fel petae ac mae'n creu cyd-bwysedd yn eich bywyd. Rydw i'n grediniol fod corff iach yn hanfodol a dyna pam y byddaf yn mynd yn rheolaidd i Ganolfan Hamdden Pwllheli i ymgymryd â'r gwahanol weithgareddau yno. Rydw i wedi bod yn hoff o chwaraeon erioed,

Huw a Jano – romantic de!
(2010)

felly mae'n beth cwbl naturiol 'mod i'n dal ati i nofio, ymarfer cylchol ac yn y blaen. Rwyf hefyd yn hoffi rhedeg ac wedi cymryd rhan mewn ambell ddigwyddiad megis ras 10 cilomedr Abersoch. Rydw i hefyd yn hoffi canu ac mae criw o ferched y pentref yn cystadlu a chefnogi Cylchwyl y capeli yn Eisteddfod y Groglith mewn parti canu dan hyfforddiant Nerys, Cae Newydd. Wedi ystyried popeth, mae bywyd hyd yn hyn wedi bod yn dda iawn hefo fi. Fedrwn i ddim dymuno gwell a gobeithio bydd y dyfodol lawn cystal!

Y Dyfodol

Wrth edrych yn ôl ar ddatblygiad Igam Ogam fel busnes, mae'n naturiol hefyd edrych tua'r dyfodol. Nid oes gan yr un ohonom yr awydd i ehangu a phrynu siop trin gwallt arall. Ein nod ydi cario ymlaen hefo busnes llwyddiannus a sicrhau'r gorau i'n cwsmeriaid. O gadw'r busnes yn fach, mae'n rhoi cyfle i'r ddwy ohonom gael amser i ni ein hunain i'w dreulio gyda'n teuluoedd a pharhau â'n diddordebau. Hwyrach y gwnawn ni ystyried prynu adeilad arall neu dŷ, i'w gosod ar rent, i sicrhau dyfodol cadarn i'n plant, ond rhywbeth i'w drafod gyda'n gwŷr fyddai hynny gan mai nhw fyddai'n gwneud y gwaith addasu a'r cynnal a chadw!

Byddai meddwl y gallem ymddeol yn fodlon ein byd ymhen ryw ddeng mlynedd eto yn braf iawn, ond amser a ddengys. Hwyrach y byddwn wedi cyflogi rheolwr yn ein lle! Fyddai Igam Ogam wrth gwrs, ddim wedi llwyddo, onibai am ein cwsmeriaid ffyddlon ac mae'n diolch yn fawr iawn iddyn nhw. Pwy ŵyr beth ddaw? Fel y mae, rydym ill dwy'n mwynhau'r hyn a wnawn o ddydd i ddydd rŵan – a beth well fedrai rywun ei ddymuno!